改革与实践：

"大综合一体化" 行政执法改革衢州探索与展望

中共衢州市委党校　衢州市综合行政执法指导办公室　◉　编著

国际文化出版公司

·北京·

图书在版编目（CIP）数据

改革与实践："大综合一体化"行政执法改革衢州
探索与展望 / 中共衢州市委党校，衢州市综合行政执法
指导办公室编著 . -- 北京：国际文化出版公司，2023.3
　　ISBN 978-7-5125-1506-2

　　Ⅰ . ①改… Ⅱ . ①中… ②衢… Ⅲ . ①行政执法－改
革－研究－衢州 Ⅳ . ① D922.114

中国国家版本馆 CIP 数据核字 (2023) 第 002833 号

改革与实践："大综合一体化"行政执法改革衢州探索与展望

编　　著	中共衢州市委党校　衢州市综合行政执法指导办公室
责任编辑	侯娟雅
品质总监	张震宇
出版发行	国际文化出版公司
经　　销	全国新华书店
印　　刷	三河市华晨印务有限公司
开　　本	710 毫米 ×1000 毫米　　　16 开
	13.5 印张　　　206 千字
版　　次	2023 年 3 月第 1 版
	2023 年 3 月第 1 次印刷
书　　号	ISBN 978-7-5125-1506-2
定　　价	82.00 元

国际文化出版公司
北京朝阳区东土城路乙 9 号　　　　邮编：100013
总编室：(010) 64270995　　　　　　传真：(010) 64270995
销售热线：(010) 64271187
传真：(010) 64271187-800
E-mail：icpc@95777.sina.net

前　言

　　"大综合一体化"行政执法改革是浙江展示"重要窗口"形象、打造高质量发展建设共同富裕示范区标志性成果的重要内容。为集中展示"大综合一体化"行政执法改革在衢州的生动实践，走向更深的理论探索，中共衢州市委党校、衢州市综合行政执法指导办公室联合编著了《改革与实践："大综合一体化"行政执法改革衢州探索与展望》一书。

　　推本溯源，力求内容展示的全面性

　　客观事物是发展、变化的，分析事物要把它发展的不同阶段加以联系和比较，才能弄清其实质，揭示其发展趋势。本书编撰组从纵向维度对全国行政执法改革的发展历程进行梳理，动态描摹衢州市综合行政执法改革全貌，展望改革发展方向。该书包含改革实施背景、总体设计、重点任务、法治保障、区县改革实践、成效评估、实践经验、制约因素、未来展望9章36节，共10万余字，全方位分析改革的重要成果、特色亮点、运行效能，是一部整体理论性综述。

　　求实存真，准确把握资料来源的客观性

　　对于一项正在进行中的改革，最大的功用就是提供第一手的、真实可靠的资料。本书编撰组综合采取文献分析、实证分析、历史分析、交叉评估、系统评估5种研究方法，全面收集与行政执法改革相关的文献资料，充分利用大数据技术开展实证研究，系统分析各个相关问题之间的相互逻辑关系，通过召开市县乡村四级座谈会8次，发放1910份调研问卷，广泛收集、分析行政处罚案件当事人、利害关系人以及其他社会公众对于衢州市综合行政执法实施情况的意见和建议，力求真实反映衢州改革实际，达到"章无剩句，句无剩字"。

整体总撰，促进理论分析的科学性

按木桶理论，组成木桶的任一木板如果发生残缺，都会造成整个修造木桶的努力付诸东流。本书编撰组从第三者的客观视角，以数据＋事实的形式简洁明了地反映改革全貌，在本书编撰过程中，邀请浙江大学范柏乃教授等专家专题辅导6次，委托律师事务所等第三方机构历时两月实地评估改革落地实施情况，收集各类评估表140余份，厘清撰写思路，提高本书的科学性，最终得以从全局出发，提出富有针对性、可行性的对策和建议。

储厚冰

2023 年 3 月

储厚冰，浙江省司法厅党委委员，省综合执法指导办公室主任。

目 录

序

习近平总书记在党的二十大报告中强调指出：深化行政执法体制改革，全面推进严格规范公正文明执法，加大关系群众切身利益的重点领域执法力度，完善行政执法程序，健全行政裁量基准。强化行政执法监督机制和能力建设，严格落实行政执法责任制和责任追究制度。完善基层综合行政执法体制机制。

"大综合一体化"行政执法改革国家试点是党中央交给浙江的一项光荣政治任务，彰显了赋予浙江试点先行的长远谋划。这是党中央从全面依法治国的战略全局出发，把行政执法改革作为建设中国特色社会主义法治体系、建设社会主义法治国家的关键环节，有助于改善法治营商环境和经济社会发展，体现了执法为民的理念，推动了习近平法治思想在基层落地和创新实践。

"大综合一体化"行政执法改革就是要坚持大综合方向为统领，以整体政府理念统筹行政执法，对行政执法进行结构性、体制性、机制性系统集成改革，更大范围整合执法职责，优化配置执法资源，健全执法协同机制，实现部门间、区域间、层级间一体联动，形成职责清晰、队伍精简、协同高效、机制健全、行为规范、监督有效的"大综合一体化"行政执法新格局。

2022年1月1日，《浙江省综合行政执法条例》正式实施，以地方立法的形式推动执法队伍精简、指挥协调统筹、数字赋能提质，为"大综合一体化"行政执法改革提供法治支撑。同年2月，《浙江省加快推进"大综合一体化"行政执法改革试点工作方案》获中央全面深化改革委员会批复同意，浙江成为全国唯一的"大综合一体化"行政执法改革国家试点。"大综合一体化"行政执法改革是依法治国在浙江的生动实践，是浙江走在前列、勇立潮头、争当改革先锋的集中体现，对于构建执法监管一体协同、实现基层治理现代化等方面具有重要现实意义。

早在 2003 年 3 月，衢州市就成为浙江省全省唯一国家级综合执法改革地市试点，开启了先行探索的最早实践。2021 年 2 月，常山县纳入全省 3 个县域集成改革样板之一，率先推行"1+5"行政执法改革，形成县域层面改革的衢州样板。2021 年 10 月，衢州市率先全域推进乡镇（街道）"一支队伍管执法"，35 个赋权（乡镇）街道全面赋权到位，扭转了长期以来困扰基层的"看得见、管不到"难题。2022 年 3 月，衢州市召开全市"大综合一体化"行政执法改革推进会。市委书记高屹出席会议并讲话，强调要认真学习贯彻习近平总书记关于行政执法的重要论述和重要指示精神，深入践行习近平法治思想，聚焦省委"大综合一体化"行政执法改革"六大体系"要求，以数字化改革为引领，以建立高效协同执法体制为重点，坚持改革导向、问题导向、基层导向、先行导向，系统性塑造"综合行政执法＋市场监管、生态环境、交通运输、卫生健康、应急管理"的"1+5"行政执法体系，进一步打造"事权下放、力量下沉、执法综合、监管融合"的"两下两合两转"行政执法新格局，实现行政执法"瘦身、强体、提质、增效"的实质性突破、系统性进展，确保"全省走在前列、全国示范引领"。

改革启动以来，衢州市基于系统推进"县乡一体、条抓块统"改革、基层管理体制改革、"大综合一体化"行政执法改革的系统性优势，以数字化改革为牵引，按照启动最早、行动最快、融合最紧、效果最好、局面最稳"五最"总要求，提前谋划、系统发力、持续迭代，形成了队伍精简的"1+5"执法队伍体系、综合执法事项为主的"橄榄型"事权配置结构、力量全面下沉一线的"金字塔型"力量体系，"多中心"变"一中心"的市域治理中心、系统完备的"1+1+7+32"制度机制体系，减少执法扰民扰企的"综合查一次"执法模式，科技赋能减员增效的"综合飞一次"数字化执法手段等一系列特色创新成果，初步取得了政府公信度明显上升，信访投诉率同比下降；企业可感度明显上升，市场主体迎检时间下降；群众满意度明显上升，市民急难愁盼问题下降的"三升三降"改革实效。2022 年 7 月，全省"大综合一体化"

行政执法改革现场推进会在衢召开，衢州的改革经验得到与会嘉宾的一致高度认同。8月，司法部、财政部等6部委联合调研组来衢州市指导，充分肯定衢州市执法改革成效；9月27日，在浙江省"大综合一体化"行政执法改革大会上，省委主要领导再次肯定衢州"1+5"执法模式。10月，司法部刊登推广了衢州探索打造"大综合一体化"行政执法改革工作成效。

"大综合一体化"行政执法改革是浙江展示"重要窗口"形象、打造高质量发展建设共同富裕示范区标志性成果的重要内容，对于衢州而言，更是高质量发展建设四省边际共同富裕示范区、迭代优化基层治理现代化的"衢州经验"的必由之路。

为集中展示"大综合一体化"行政执法改革在衢州的生动实践，全方位分析衢州改革的重要成果、特色亮点、运行效能，从实践走向更深的理论探索，中共衢州市委党校组织全市党校系统力量，在浙江大学公共政策研究院副院长范柏乃教授的精心指导下，编著了这本《改革与实践："大综合一体化"行政执法改革衢州探索与展望》。这是衢州市党校系统积极融入中心、服务大局的具体行动和有益探索。全市党校系统将进一步发挥服务中心的新型智库作用，坚定不移地做改革的助力者，为再创衢州体制机制新优势、打造四省边际共同富裕示范区、争创四省边际社会主义现代化先行市贡献智慧和力量。

本书编委会

2022 年 10 月

第一章　改革实施背景

习近平总书记强调："各级政府必须依法全面履行职能，坚持法定职责必须为、法无授权不可为，健全依法决策机制，完善执法程序，严格执法责任，做到严格规范公正文明执法。"[①] 能否做到严格规范公正文明执法，直接体现各级政府依法行政和法治政府建设的水平，直接关涉政府的公信力。党的十八大以来，党中央、国务院全面推进综合行政执法体制改革，取得了一系列重要进展。在新发展阶段，如何进一步深化改革，着力破解执法体制改革和基层治理体制之间的结构交叉难题，确保行政执法权责清晰、运转有力，切实提高行政执法效能，成为深入推进依法行政工作的重中之重。

深入开展"大综合一体化"行政执法改革国家试点，是以习近平同志为核心的党中央赋予浙江省的重大政治责任。这项改革将通过进一步构建高效协同的行政执法体制，整合全省综合行政事项、执法力量和执法资源，完善政府权力清单和责任清单，严格规范公正文明执法，为浙江高质量发展建设共同富裕示范区提供有力法治保障；进一步实现与数字化改革深度融合，优化流程，提升效能，有效支撑行政执法更加高效便民；进一步做深做实"一支队伍管执法""力量下沉""执法协同"等举措，为迭代升级"县乡一体、条抓块统"基层治理模式奠定扎实基础。

第一节　深入推进法治政府建设

2022 年的国务院《政府工作报告》中，将法治政府建设放在极为重要的位置，强调面对新的形势和任务，各级政府要"坚持依法行政，深化政务公

---

① 习近平：《加快建设社会主义法治国家》，《求是》，2015 年 1 月。

开，加强法治政府建设"。进一步健全依法行政制度体系，加快推进政府治理规范化、程序化、法治化，是当前和今后推进法治政府建设的重点任务。"大综合一体化"行政执法改革抓在点子上，谋在关键处，直击行政执法体制机制的堵点、痛点、难点，在行政执法领域具有里程碑意义。

一、法治政府建设：全面依法治国的主体工程

党的十八大以来，以习近平同志为核心的党中央从前所未有的战略高度认识法治、重视法治，以前所未有的推进力度谋划法治、建设法治，推动全面依法治国取得历史性成就，有序形成和确立了"依法治国""依法执政""依法行政"和"法治国家""法治政府""法治社会"等法治概念和理论，坚持"法治行为"和"法治目标"两条主线并行，有机推进法治建设。2014年，党的十八届四中全会《中共中央关于全面推进依法治国若干重大问题的决定》提出"坚持依法治国、依法执政、依法行政共同推进，坚持法治国家、法治政府、法治社会一体建设"，这是习近平法治思想的核心要义"十一个坚持"之一，是对全面依法治国的工作布局，为我们从全局上、整体上把握全面依法治国提供了科学指引。

推进全面依法治国，首先要把握法治政府建设这个重点任务和主体工程，它对法治国家、法治社会建设具有示范带动作用，必须率先突破。政府是指从国务院到乡镇人民政府的各级人民政府及其工作部门，也称国家行政机关。国家行政机关是国家权力机关的执行机关，它的最大使命和功能就是执行国家的法律。我国的法治建设体系包括立法、执法、司法、守法，而国家行政机关是执法中的最大主体。行政机关做不到依法行政，政府成不了法治政府，我国的法治建设环节就不可能畅通，"法治中国"也就无从谈起。

政府的管理范围非常广泛。国务院作为最高国家行政机关，领导和管理社会经济工作和城乡建设、生态文明建设，领导和管理教育、科学、文化、卫生、体育和计划生育工作，领导和管理民政、公安、司法行政等工作，管理对外事务，领导和管理国防建设事业，领导和管理民族事务，保障少数民族的平等权利和民族自治地方的自治权利，保护华侨的正当权益，保护归侨

和侨眷的合法权益，等等。县级以上地方各级人民政府依照法律规定的权限，管理本行政区域内的经济、教育、科学、文化、卫生、体育事业、城乡建设事业和财政、民政、公安、民族事务、司法行政、计划生育等行政工作，发布决定和命令，任免、培训、考核和奖惩行政工作人员。乡、民族乡、镇的人民政府执行本级人民代表大会的决议和上级国家行政机关的决定和命令，管理本行政区域内的行政工作。

政府机关体量大、任务重、范围广、应急性强，由此决定了政府工作的广泛性、直接性、应急性。政府工作和人民群众息息相关。任何一位公民或企业，或许一辈子可以不和立法机关、监察机关、司法机关和军事机关打交道，但做不到不和政府相联系。政府机关做到依法行政，获益最大的是人民群众；政府部门不依法办事，损害最大的也是人民群众。因此可以说，只有政府成为法治政府，国家才可能成为法治国家，社会才可能成为法治社会。

二、行政执法体制改革：法治政府建设的必然要求

中华人民共和国成立七十余年，法治政府建设经历了曲折艰辛的发展过程，取得了巨大成就，政府对政治、经济、文化和社会生活各方面的管理，都实现了从无法可依到有法可依，从主要靠行政手段到把依法行政、行政为民作为基本准则的历史性转变。其中，行政执法作为维护社会秩序的主要手段，最为直接地影响着人民群众对于行政机关是否依法行政的切身感受，最为直接地反映着政府依法治理能力的高低。如何切实有效地解决长期困扰行政执法领域有法不依、执法不严、违法不究、执法犯法以及执法不作为、乱作为等突出问题，成为各级政府面临的一项十分重要且紧迫的任务。行政执法体制改革作为行政体制改革的一种修正机制，是当代法治政府建设取得全面突破的推动力。从当前我国行政执法体制改革的实践经验来看，主要表现为两个特征。

（一）行政执法活动的专业化

从与"行政管理"相分离，到"分散式"行政执法，再到"相对集中"

的行政执法，最终到"综合性"行政执法，行政执法的概念逐步清晰，也揭示了我国行政执法活动发展的全过程。[①]党的十八大以来，《中共中央关于全面推进依法治国若干重大问题的决定》和《法治政府建设实施纲要（2015—2020年）》对行政执法和行政立法、行政决策、行政规划等活动进行严格区分，将行政立法、行政决策、行政规划的内容划入依法行政、科学决策的内容中。从国务院办公厅《关于全面推行行政执法公示制度执法全过程记录制度重大执法决定法制审核制度的指导意见》中，也可以清晰看出行政执法的专业化趋势。

（二）行政执法改革的具体化

党的十八届三中全会以后，行政执法改革开始逐步着眼于具体的行政执法任务和具体的行为规范上，实现合理配置行政执法权力和责任。2013年11月，《中共中央关于全面深化改革若干重大问题的决定》就深化综合行政执法体制改革做出新的部署，明确"整合执法主体，相对集中执法权，推进综合执法，着力解决权责交叉、多头执法问题，建立权责统一、权威高效的行政执法体制"。2014年11月，《中共中央关于全面推进依法治国若干重大问题的决定》把改革的重点放在了市、县两级减少执法层次和执法队伍、探索分领域综合执法模式上。2015年4月，中央编办印发的《中央编办关于开展综合行政执法体制改革试点工作的意见》确定在全国138个城市开展综合行政执法体制改革试点。

随着行政体制改革的深入推进，富有创见的行政执法行为不断涌现，行政执法体制逐步健全，严格规范公正文明执法工作取得明显进步。然而，行政执法体制依然面临组织机构协调统一欠缺、多维权限配置不科学、法律依据不足等现实问题，与国家治理、社会发展需求不匹配的矛盾仍然较为突出。为解决相关困境，党的十九大以来，行政执法体制改革进入快车道。党的十九届三中全会审议通过的《中共中央关于深化党和国家机构改革的决定》

---

① 谢寄博、王思锋：《中国共产党保证执法的实践逻辑——以行政执法体制改革为视角》，《西北大学学报（哲学社会科学版）》，2021年第9期。

和《深化党和国家机构改革方案》对执法体制改革提出了明确要求，将深化行政执法体制改革确立为深化机构改革的重要任务。党的十九届四中全会明确提出"深化行政执法体制改革，最大限度减少不必要的行政执法事项"。2021年7月15日起施行的新《行政处罚法》，以法律的形式将党中央关于行政执法体制改革的重大决策部署和重要成果加以固定和明确。2021年8月，中共中央、国务院印发的《法治政府建设实施纲要（2021—2025年）》进一步提出：深化行政执法体制改革，健全行政执法工作体系。该纲要系统贯彻了习近平法治思想的精髓，彰显了此项改革在新时代的重要性。在全面深化机构改革与综合执法权下沉的法治背景下，行政执法体制改革面临新任务、新要求、新期待。

三、浙江实践：行政执法体制改革的探路先锋

浙江省综合行政执法体制改革起步早、基础好。2005年，时任中共浙江省委书记的习近平同志在开展"法治浙江"建设专题调研时强调："行政执法是全面推进依法行政、建设法治政府的重要环节。"他将行政执法体制改革作为法治浙江建设重要内容来部署和推进，推行市、县两级相对集中行政处罚权工作，努力从源头上解决多头执法、重复执法、交叉执法的问题。

这些年以来，浙江省各级党委、政府认真贯彻习近平总书记和党中央决策部署，坚持在"放管服"改革、法治政府建设和省域治理现代化的整体框架下谋篇布局，持续深化推进行政执法体制改革，初步构建了权责统一、权威高效的"大综合一体化"行政执法体系。

（一）开展相对集中处罚权改革

早在2000年，经国务院批准，杭州市率先开展相对集中行政处罚权试点工作。2005年，浙江省政府成立"推进相对集中行政处罚权工作协调小组办公室"，进一步加强政策研究和指导协调。2008年，浙江省人大常委会通过全国第一部规范相对集中行政处罚权制度的地方性法规《浙江省城市管理相对集中行政处罚权条例》。截至2010年，全省实施相对集中行政处罚权

工作的县（市、区）已超过 70%，处罚范围涉及环境卫生、城市规划、城市绿化、市政管理、环境保护、工商行政、公安交通等八个方面的全部领域或部分领域。

（二）推进综合行政执法改革

2003—2014 年，浙江省相继在衢州、义乌、嘉兴、舟山等地开展综合行政执法试点，组建综合行政执法局，调整相关部门职责权限、人员编制及执法权限。2015 年，浙江在全国率先开展跨部门、跨领域综合行政执法改革，积极探索构建具有浙江特色的"金字塔型"行政执法结构。2018 年，在党政机构改革中，浙江成立了全国唯一一个省综合行政执法指导办公室，进一步加大跨领域跨部门行政执法协调统筹。2019 年，浙江省委办公厅、省政府办公厅印发《关于深化综合行政执法改革的实施意见》，加快推动构建"综合执法＋专业执法＋联合执法"的执法体系，以综合行政执法改革引领行政体制改革和行政执法体制改革。

（三）整合五大领域专业执法

2019 年，浙江省"两办"出台系列实施意见，指导市场监管、生态环境保护、文化市场、交通运输、农业等五大专业执法领域整合领域内分散的执法职责，归并执法队伍，统一执法主体，减少执法层级，推动执法力量下沉，进一步彰显部门专业执法的优势。

2020 年 8 月，时任省委书记袁家军在全省法治政府建设暨综合行政执法改革推进会上明确提出，要全面构建全覆盖的整体政府监管体系和全闭环的行政执法体系。2022 年 3 月，《浙江省加快推进"大综合一体化"行政执法改革试点工作方案》（以下简称《试点工作方案》）获中央改革办批复统一，浙江省成为全国唯一的"大综合一体化"行政执法改革国家试点。浙江省改革跨越部门内综合行政执法的阶段，向跨领域、跨部门、跨层级的大综合行政执法纵深推进，率先破解改革难题，为全国改革贡献经验、探索路径、提供解决方案。

第二节 有力护航共同富裕示范区建设

建设共同富裕示范区，既是中央交给浙江省的重大政治任务，也是浙江争取在中央的支持下率先发展、率先建成共同富裕美好社会的重大机遇。"大综合一体化"行政执法改革便是浙江省乘势而上、紧抓机遇的重要改革举措，也必将成为有力护航共同富裕示范区建设的一项有影响可示范的标志性成果。

一、抓住"先行探路"的政策机遇

2021年6月，《中共中央国务院关于支持浙江高质量发展建设共同富裕示范区的意见》（以下简称《意见》）正式发布，浙江省成为全国首个也是目前唯一一个被赋予共同富裕示范区建设任务的省份，承载了为其他地区以及全国层面推动共同富裕提供经验与示范的重要使命。中央优先将改革试点、探索示范任务赋予浙江，给予浙江多方面的改革授权，包括根据改革措施对现行的法律法规做出相应的调整安排，这对浙江而言是重大的政策机遇。

行政执法作为政府工作最基本的环节，涉及经济、社会、文化、生活等各种领域。传统行政执法体制在制度设计上既不科学也不规范，并且缺乏外部有效监督和内部约束机制，很大程度上弱化了政府治理能力。改革开放后，政府机构改革历经数次，取得了一定成效，但是政府职能的转变还不够彻底，传统行政执法体制中存在的碎片化问题，严重影响了行政执法的公正性和统一性，干扰了正常的公共秩序和市场经济秩序，并导致了不正之风和腐败行为的频发。[1] 这些问题，归根结底在于现行体制机制的不完善，解决的唯一出路就是推行综合行政执法体制改革，研究制定与全面深化改革总目标相适应的改革设计方案，使综合行政执法体制改革符合国家治理体系和治理能力现代化的现实需要。

---

[1] 丁煌、方堃：《基于整体性治理的综合行政执法体制改革研究》，《政府治理》，2016年第2期。

党的十八大以来，以习近平同志为核心的党中央做出了一系列有关深化行政执法体制改革的决策部署，科学回答了为什么要推进、建设什么样的、怎样推进行政执法体制改革等重大问题，为"大综合一体化"行政执法改革提供了重要遵循。党的十九届三中全会提出"深化行政执法体制改革，统筹配置行政处罚职能和执法资源，相对集中行政处罚权，整合精简执法队伍，解决多头多层重复执法问题"。党的十九届四中全会提出"进一步整合执法队伍，继续探索实行跨领域跨部门综合行政执法，推动执法重心下移，提高行政执法能力水平"。认真贯彻落实习近平总书记和党中央决策部署，浙江省委、省政府坚持在"放管服"改革、法治政府建设和省域治理现代化的整体框架下谋篇布局，持续推进行政执法体制变革重塑，推动构建以"大综合一体化"为方向、以数字化改革为牵引、以"先行示范"为动力的行政执法改革新格局，为《试点工作方案》的出台奠定了坚实基础。

2022年1月，《试点工作方案》获中央批复同意，浙江成为全国唯一的"大综合一体化"行政执法改革国家试点。试点实施后，浙江将健全完善全覆盖的整体政府监管体系和全闭环的行政执法体系，加快构建全方位的监管执法协同体系，按照"8月底前全面展示、今年底前巩固提升、2025年更加成熟定型"的目标，打造权责统一、权威高效"大综合一体化"行政执法新格局，形成在全国具有示范引领作用的改革成果。

二、把握"公平法治"的价值追求

习近平总书记深刻指出，"蛋糕"不断做大了，同时还要把"蛋糕"分好。在推进共同富裕中，必须更加重视"富裕"这个基础前提和根本目的，坚持发展是硬道理，不断把"蛋糕"做大；继续坚持改革开放以来的普惠式增长模式，及时调整和纠正效率和公平之间出现的各种偏差，切实促进社会公平正义，① 把"蛋糕"分好。在全面建成小康社会以后，人民群众对公平正义的追求与日俱增，市场主体寻求市场准入的公平、获取资源的公平、竞争规

---

① 徐飞：《公平公正原则下共同富裕的核心要义》，《人民论坛·学术前沿》，2022年第10期。

则的公平、平等保护的公平，这对就业服务和分配方式法治化提出了更高期待；城乡差距、阶层差别、群体差异，需要更加公平有效的法律政策进行宏观调控等等，这些都对立法、执法、司法等法治建设各环节提出了更高要求，应主动适应新变化，回应新需要，统筹提高法治化管理、社会法治化运行水平，满足人民群众对公平正义的价值追求。

深化行政执法体制改革是保障人民群众权益，实现社会公平正义的迫切要求。行政执法活动作为政府发挥职能的一项基本行政活动，与人民群众的接触和交流最多，行政执法活动与人民群众的切身利益也密切相关。在执法活动中，如何在保护人民群众的利益不受损害的前提下，既完成执法任务，又保证社会公平正义，是一项治理难题。[①]过去很长的一段时间，存在着执法人员缺乏责任意识和服务意识的现象，在执法过程中，处罚的多，硬性管理的多，执法过程中与人民群众起冲突的多，既扩大了社会矛盾，又损害了人民群众对于社会公平正义的信心，迫切需要通过深化综合行政执法体制改革来改变状况。

党的十八届四中全会，习近平总书记在《中共中央关于全面推进依法治国若干问题的决定》中强调，"行政机关是实施法律法规的重要主体，要带头严格执法，维护公共利益、人民权益和社会秩序"，而其中的"深化行政执法体制改革"，则是当前最现实、最紧迫的重点工作，"必须下大力气解决"。公平有序的执法才能最大限度保障人民的公平正义，才能使得我们国家的法治得到人民的拥护，提高公信力，离实现法治国家更近一步。[②]

浙江省深化综合行政执法体制改革实践证明，整合执法队伍，厘清职责边界，优化职能配置，健全协同机制，有利于解决执法中的不公正、不规范、不严格问题，推进全面依法执政；有利于构建"许可＋监管＋处罚＋监督评价"的"放管服"闭环链条，强化事后监管，实现管得好、放得下、服更优；有利于贯彻整体政府理念，推动执法"分散化"向"一体化"转变，解决执

---

① 袁曙宏：《深化行政执法体制改革》，《中国行政管理》，2014年第7期。

② 罗清华、黄术：《我国综合行政执法体制改革的问题与对策》，《山西省政法管理干部学院学报》，2021年第6期。

法扰企扰民问题，优化营商环境。"大综合一体化"行政执法改革国家试点，进一步以人民满意为标准，抓住领域内实现公平正义的痛点、难点，以更加简约、精准、有效的措施，破机制之弊赢长远之势。

三、遵循"共建共治共享"的发展路径

《意见》明确提出坚持党的全面领导、坚持以人民为中心、坚持共建共享、坚持改革创新、坚持系统观念等五大工作原则，为共同富裕场景下的社会治理现代化指明了路径方向。2022年全国两会期间，浙江省时任省委书记袁家军在接受中新社专访时提出："共同富裕是共建共治共享的共同富裕，必须依靠全体人民的共同奋斗，这是我们推动共同富裕的独特优势，也是巨大潜力所在。"始终坚持人民立场，构建共建共治共享的社会治理新格局，是扎实推进共同富裕的前提基础和兜底保障。

共建、共治、共享的社会治理新格局是对传统政府治理结构和权力运行方式的再造，通过重构政府、市场、社会和公民之间的关系，建立起协商、合作、互动、共赢的方式，树立新的"民本位、社会本位"思想，强化多元主体的支持和配合，有效地化解社会矛盾和冲突。[1] 构建社会治理新格局，需要建立适应经济发展和社会转型需要的新型现代化行政体制。作为政策执行和政府治理过程中至关重要的末端环节，行政执法的运行效能既影响到政策执行效果和政府治理效率的高低，也事关国家与社会、政府与市场关系状况的好坏，还与公民权益保护和市场秩序维护密切相关。[2]

改革开放以来，为适应经济社会发展的需要，涉及众多行政管理领域的一大批法律法规相继颁布实施，我国现代意义上的行政执法行为开始出现，行政执法领域不断拓宽，一批又一批的执法队伍建立起来。然而，这种分散化赋权模式，使得执法分工过细、职能分散、权责交叉、部门林立、机构重叠，

① 陈盛兰：《共建共治共享：新时代推进社会治理现代化的三维逻辑》，《西华大学学报（哲学社会科学）》，2021年第4期。
② 吕普生：《综合执法体制建设：提升行政执法效能的重要抓手》，《中国社会科学报》，2019年第11期。

呈现出执法密集地带过度执法与执法空白地带执法缺位、总体机构林立与个体机构单薄、"七八个大盖帽管不住一个小草帽"的执法悖论，既威胁到公民合法权益的保护、社会与市场秩序的维护，也给政府治理体系变革和治理能力提升带来了严峻挑战。[①]

在这一系列行政执法困境中，最突出、最根本的问题是行政执法权配置和运行的碎片化。针对这个问题，浙江省从2000年开始率先探索综合行政执法领域的改革，进行了长期的制度演进和实践探索，侧重点从相对集中行政处罚权到相对集中行政执法权，再到相对综合行政执法，再到全面综合行政执法，涉及领域从最初的城市管理大大拓展，向城市管理、道路交通、市场监管等多个领域推进，与此同时，着力推动执法重心下移，有效解决"看得见的管不着、管得着的看不见"的问题。从近年浙江省改革实践方面看，行政执法事项进一步综合，执法队伍进一步精简，执法力量进一步下沉，无论是从改革的广度和深度，还是改革的效果和影响，均取得了重要进展，既系统性地解决了多头执法、多层执法、执法扰民、基层执法力量不足等问题，提升执法效率和监管水平，又围绕民生实事增强了群众工作本领，实现好、维护好、发展好人民群众的根本利益。但是，改革与形成更加成熟更加定型的制度体系要求相比还有一定的差距，存在着条条与块块、整体与部分、综合与专业等一系列的问题和难点，需要进一步整体推进、迭代跃升。

第三节　数字赋能行政执法全方位变革

《法治政府建设实施纲要（2021—2025年）》指出，要"坚持运用互联网、大数据、人工智能等技术手段促进依法行政，着力实现政府治理信息化与法治化深度融合，优化革新政府治理流程和方式，大力提升法治政府建设数字化水平"。浙江省加快构建整体协同的数字执法体系，在数字赋能行政执法改革方面走在全国前列。"大综合一体化"行政执法改革，将进一步实

[①] 吕普生：《中国行政执法体制改革40年：演进、挑战及走向》，《福建行政学院学报》，2018年第6期。

现体制机制与数字技术应用的深度融合，推进"掌上执法、掌上办案"常态化应用，推动执法权力全网流程网上运行、全流程自动留痕、全流程电子监管，探索非接触式智能化监管等，以数字化改革引领撬动全省行政执法全方位变革、系统性重塑。

一、推进省域治理数字化转型

从历史的视野看，科技进步曲线与政府变革的曲线基本同步，每一次科技领域的重大进步，往往带来政府自身变革的重大机遇，技术进步打造的技术秩序以其全新的理念、方法、工具和制度改变着政府治理，并带来政府治理逻辑和运行流程的重大转变。[①]浙江省是数字经济发展的高地，在数字社会领域也进行了积极的探索，尤其是近几年政府数字转型的成果颇丰。自2003年以来，浙江省委、省政府为增强改革后劲，选择"刀刃向内"的改革驱动模式，着眼于体制机制的创新和市场活力的激发、打造最佳营商环境，全力推进成为数字化转型"全国样板"的政府治理革命，[②]逐步在经济调解、市场监管、公共服务、社会治理、生态环保等政府治理核心领域，以业务协同、数据共享和流程再造为主抓手，形成了政府数字化转型的先发优势，为数字化改革奠定了扎实的前期基础。

政府数字化转型激发经济发展新动能。在数字时代，数据资源的开发利用已成为当代经济社会发展的重要动能，成为推进各领域创新的新空间和新范式。政府治理水平和经济运行能力的关联度也越来越紧密。数字经济事实上就是在与数字政府的相互影响和相互促进中不断发育成长的，数字政府本身不直接参与研发技术，但对技术体系的成熟和完善起到重大作用，为数字经济的健康发展提供强大保障。

政府数字化转型为各社会主体参与治理注入新活力。数字政府在数据资源的唤醒和使用中萌发更多的社会需求，衍生出新的社会力量和数字生态系统。社会治理体系形成以政府为主导的多元治理单元集，社会治理能力形成

---

① 陶建钟：《政府数字化转型助推省域治理现代化》，《社会治理》，2020年第6期。

② 许峰：《地方政府数字化转型机理阐释》，《电子政务》，2020年第10期。

以技术为主控的治理模块集，并以社会需求为驱动形成响应灵敏、交互便捷的治理机制。政府将更多地在数据增值、保值方面吸引社会力量和社会主体参与，社会主体的创新活力就能被充分地激发，数字政府建设就能造就数字资源的普遍受惠者。

政府数字化转型推进政府治理新变革。随着社会主要矛盾的变化，人们对政府治理的要求越来越高，人才、技术、资源等高端要求的流动将在很大程度上取决于政府治理能力和水平，数字政府建设则为之提供了重要的契机。从深化中央"放管服"改革和浙江"最多跑一次"改革，到构建"浙政钉""浙里办"基础平台，浙江逐步构建起高效协同、综合集成、闭环管理的政府运行体系。实践证明，数字政府能克服以往治理领域长期没法解决的堵点、痛点、难点，大大拓展政府治理的新功能，切实提高服务精准性而走向互动化，缩小数字鸿沟而趋向均等化，打造良好营商环境而导向便利化。[1]

二、破解行政执法改革"老大难"问题

由于政府部门的职责分工在一定程度上容易形成部门壁垒、部门保护的局面，各部门只顾自己的"一亩三分地"，从而忽略整体性政府治理要求。特别是在综合行政执法改革当中，将行政主管机关的执法权集中到综合行政执法机关，如果二者边界不清，容易出现多头执法、推诿扯皮、选择性执法等不良现象。[2]综合行政执法实践中协同不够的问题也很突出，比如行政主管机关与综合行政执法机关之间权责划分不清，协调难度大，权责分离严重，导致各管一块，各出各的招、各走各的道，难以形成合力；一些领域执法队伍分设，相互"打架"现象普遍。深化综合行政执法改革的一个重要考虑，就是要更加注重维护行政权整体性，运用整体性政府治理理念和行政协同原则消解改革中整体与部分的价值冲突，理顺综合执法机关与行政主管机关的职责关系，建立信息互通、资源共享、协助配合、监督制约的运行机制，避免行政权分割造成监管与执法边界不清、部门间融合度不够、职能运行不畅，

---

① 陶建钟：《政府数字化转型助推省域治理现代化》，《社会治理》，2020年第6期。

② 程琥：《综合行政执法体制改革的价值冲突与整合》，《行政法学研究》，2021年第2期。

有效破除上述阻碍执法成效的老大难问题。

随着数字化改革的推进，数字赋能依法行政的各个环节，通过运用云计算、大数据、互联网、人工智能助力和跨部门的数据共享，流程再造和业务协同成为可能。浙江省自2017年启动"最多跑一次"改革以来，集成式行政执法数字化平台随着政务网的建设不断发展。目前，浙江省已经建成"浙里办"一体化政务服务平台、"浙政钉"政务协同办公平台两个统领的综合集成平台，大量的智能化集成应用依托平台运行。行政执法通过公共数据平台实现数据共享，打破信息孤岛，提升了行政执法的效能。依托一体化智能化公共数据平台，数字化的行政执法体系包含三个方面：统一的政务服务体系、统一的行政处罚办案体系和统一的行政执法监督体系。从原理上说，行政的多样性不能否定行政的整体性，在整体性政府的视角下，各行政机关之间应当精诚合作，协力配合，以实现总体的行政任务。在"互联网＋监管"模式下，行政执法数据整合共享，有利于推进协同管理和服务。

三、撬动综合行政执法"一体化"协同

从综合行政执法改革的实践来看，目前仍存在改革认识不到位、综合行政执法部门与部门日常监管衔接不到位、改革配套不到位、执法保障不到位等问题，这反映出当前行政执法机制在执法监管缝隙、部门壁垒、部门协同等方面仍需不断完善优化。针对这些问题，"大综合一体化"行政执法的理念是，以构建高效协同的事中事后监管执法体系为重点，融合"县乡一体、条抓块统"改革，完善职责清晰、队伍精简、协同高效、机制健全、行为规范、监督有效的行政执法体制机制。通俗来说，就是集成执法业务，优化执法流程，实现省、市、县、乡"审批—监管检查—处罚—监督评价"全流程大闭环。[①]这项改革充分体现了横向到边、纵向到底相结合的多跨协同特征。数字化改革作为运用系统观念、系统方法推动重大改革的生动实践，正是"大综合一体化"行政执法改革试点方案落地见效的关键所在，也是改革工作的"重中

---

① 《"大综合一体化"，探路行政执法改革》，《浙江日报》，2022年3月2日。

之重"。

2021年以来，浙江省推进执法监管数字应用取得一定成效，通过加大对食品药品、公共卫生、生态环境、危化品、安全生产、劳动保障、交通运输、知识产权、金融欺诈的执法力度，加强联合执法与协同管理，打通行业监管的全链条，确保执法监管从源头到终端全程监管，覆盖全生命周期，构建起闭环行政执法体系。在地方实践中也打造了一系列示范应用场景，形成了一批改革优秀案例，合力共推行政执法全方位变革、系统性重塑。

2021年4月，由浙江省司法厅、省大数据局共同谋划、承建的"数字化行政执法监督"应用场景成功上线。该应用场景具备执法问题智能定位、执法案件统一查询、执法案卷线上评查、执法问题协同处置、执法效能量化评价等核心功能，实现主体事项全归集、执法行为全覆盖、监督角度全方位、问题处置全流程、执法监督全闭环。该应用已于2022年8月全省推广，解决了原来执法指挥"散"、执法力量"弱"、执法效率"低"、执法执行"难"等痛点、难点问题，让执法人员开展联合检查、联合执法等工作更加方便快捷，也能为行政相对人提供更加全面、贴心、精准的服务。

为进一步推进行政执法体制改革，从源头上解决多头执法、重复执法、交叉执法问题，浙江省在嘉兴、舟山等地在创新实践基础上统一开发"综合查一次"应用场景，从执法监管"一件事"集成和风险预警切入，衔接部门联合"双随机、一公开"制度要求，发挥综合执法办行政执法统筹协调指挥职能作用，构建跨部门、跨领域、跨层级的执法监管体系和行政执法统筹协调指挥体系，实现"进一次门、查多项事、一次到位"，为企业减负、为执法增效。

为破解行政执法过程中存在的证据标准不统一、部门重复取证、证据收集效率低、证据共享协同差、证据归集管理难等问题，在省综合执法办、省大数据局的指导下，台州市承建"行政执法证据共享"应用场景，建立行政执法证据资源库，打造数字化取证用证体系，推进严格规范公正文明执法。

第四节　迭代升级"县乡一体、条抓块统"改革

基层治理是国家治理的根基，"县乡一体、条抓块统"改革通过构建条块在基层协作互嵌的治理新模式，向基层放权赋能，减轻基层负担，是浙江省推进省域治理现代化"牵一发而动全身"的重大改革创新。法治是治理现代化的重要支撑，浙江省坚持系统观念、问题导向、集成改革，以"一支队伍管执法"改革为突破口，切实解决基层治理中存在的执法体系不完善、县乡职权不对等、管理力量不协同、分头执法不高效等问题，着力构建"县乡一体、条抓块统"的"大综合一体化"行政执法体系。

一、破解基层治理"条块分割"困局

妥善协调处理条块关系，是推进基层治理体系和治理能力现代化需要解决的基础性问题。一般而言，基层治理中的"条条"主要是区县的职能部门或者上级政府的垂直管理部门，"块块"是指乡镇（街道）。条块关系既包括条块间目标一致、彼此合作的状态，也存在彼此矛盾冲突的一面。作为条块的实际运行状态，部门之间和条块之间衔接不畅导致矛盾、割裂，给基层政府带来了较大的压力，给基层干部带来了不必要的负担，是导致基层治理效能低下的重要原因。为构建简约高效的基层管理体制，需要探求一条如何将"条条"的专业和技术优势与"块块"的统筹和属地优势有机结合起来的新路径，通过对传统条块合作共治的治理结构进行创造性转化和创新性发展，进而构建条块在基层协作互嵌的治理模式，以便向基层放权赋能，减轻基层负担。①

近年来，浙江以机构改革为契机，县乡一体推进，从县域范围统筹调配资源，统筹县级部门和乡镇（街道）功能、职责、编制、人员力量以及条块运行机制，理顺"条"的责权关系，增强"块"的统筹能力，并在数字化改革强大动能的推动下，着力构建"县乡一体、条抓块统"新型基层治理模式。

---

① 周振超、黄洪凯：《条块关系从合作共治到协作共嵌：基层政府负担的生成及破解》，《公共管理与政策评论》，2022年第1期。

2020 年 10 月，浙江在衢州全市域 6 个县（市、区）以及杭州余杭区等 14 个试点县（市、区）部署开展改革试点。

（一）全面推进职能部门赋能基层、放权基层、服务基层，明确县乡权责界面，做好"条抓"

为了理顺部门"千条线"，试点地区明晰县乡事项责任边界，做到"一张清单明权责"；围绕"属地管理"编制事项责任清单，同步建立配套的准入、调整和评估机制；在明确责任边界的基础上，在监管执法、应急管理、纠纷化解、平安建设等重点领域，谋划推出一批重要、高频、急迫、多跨的基层治理"一件事"集成改革项目。一些基层"想管却管不好，想治却治不了"的难题，通过县级各部门与乡镇（街道）间"条""块"协作的模式，迎刃而解，这为基层减负的同时，也解决了一些基层治理事项"处置难、办理慢"的问题。

（二）全面推进资源、平台、队伍下沉，提高统筹协同能力，把乡镇做大做强，实现"块统"

改革中，各地推动行政执法力量下沉，赋予乡镇（街道）更大的权力，提高乡镇（街道）统筹协调能力；配强基层人员力量，按照"编随事走、人随编走"，基于政务服务事项和"属地管理"事项责任等清单，推动人员编制资源向乡镇（街道）下沉；优化考核机制，衢州市对所有乡镇（街道）干部和部门派驻乡镇（街道）干部实行"四维考评"，年底县级部门和乡镇（街道）展开"双向互评"。通过资源下沉，调动起了乡镇（街道）干部的积极性，进一步激发了基层治理的活力，提升了乡镇（街道）"统"的能力。

（三）构建基层治理共同体，形成上下贯通的县域整体智治格局，实现"县乡一体"

打造"一体化智能化公共数据平台"、建设"五大系统"、构建"制度和理论两大体系"的数字化改革"152"体系，如何向县以下延伸，与浙江原有的"一中心四平台一网格"的"141"基层治理体系衔接贯通，这是浙江要进一步探索的重大课题。衢州市在全省率先迭代建设县级社会治理中心与基层治理四平台，推动矛调中心等 16 个工作平台成建制入驻中心，建强基层治理"指挥中枢"，形成统一指挥、扁平高效的基层治理运行架构。杭州市临平区依托"基层治理四平台"，构建镇街、村社、网格"防控、执法、共治"三级联动圈，实现 90% 以上事件在镇街、村社化解处置。

二、推动行政执法权重心下移

基层政府身处治理第一线，直接与地方群众配合联动，其所面临的治理形势复杂多样，尤其是行政执法领域。长期以来，基层行政执法事项多而杂，且分散在不同职能部门，导致执法权限不够、执法力量薄弱，权力与责任不一致、执法能力不够。正是由于这种执法权和执法力量的配置与执法实践需求之间的倒挂，使得本应作为执法重心的县（区）和乡镇反而成为执法力量最为薄弱之地，进而形成了"看得见的管不了，管得了的看不见"这种异化的基层治理现象。[1] 在行政执法体制改革中，行政执法权重心下移无疑是一项重点核心内容。

2015 年开始，党中央、国务院便通过政策、[2] 法规等形式积极推动行政执法权重心下移，并逐步实现全国普遍推广。在"县乡一体、条抓块统"改革试点实践中，各地持续加大基层执法的力量，推进执法重心向基层延伸和下沉，以行政执法体制的基层探索，有效打开了原本以县级为基层治理中心的行政管理体制的突破口。其中，衢州市在乡镇（街道）践行"一支队伍管执法"改革，因其谋划早、行动快、力度大，阶段性效果好，走在了浙江省全省前列。改革中，整合现有执法力量和资源，组建乡镇（街道）综合行政执法队伍，乡镇（街道）成为综合行政执法主体，按照有关法律规定开展执法工作，行使行政处罚权，并对基层违法行为进行协调治理。同时，推动执

① 卢护锋：《条行政执法权重心下移的制度逻辑及其理论展开》，《行政法学研究》，2020年第5期。

② 重要的文件有三个，分别为：《法治政府建设实施纲要（2015—2020年）》（2015年12月27日）、《关于深入推进城市执法体制改革改进城市管理工作的指导意见》（2015年12月24日），以及中共中央办公厅和国务院办公厅联合印发的《关于推进基层整合审批服务执法力量的实施意见》（2019年1月31日）。

法主体力量下沉一线，实现乡镇执法全覆盖，在未增加编制总量前提下，乡镇执法力量大幅度增加，补齐乡镇执法力量薄弱，解决多头执法、多层执法、交叉执法、执法不规范的问题，逐步构建起"乡镇围绕中心转、部门围绕乡镇转、大家围绕基层转"基层治理良好格局。

三、构建"大综合一体化"治理新格局

行政执法权重心下移固然在一定程度上解决了执法系统叠床架屋、权责不清的问题，但现阶段各地对于对执法职能的整合大多还停留在物理归并的阶段，内部融合与撤并精简并未真正实现，原职能部门和执法部门之间的工作关系也尚未真正理顺，一定程度上会影响基层执法工作的协同性。与此相关的，或者说更为重要的一个问题在于，以往执法部门习以为常的纵向自上而下的"命令—执行"模式与基层治理体制改革所要建立的精简化、扁平化的横向结构之间产生了交叉，如何确保此种结构交叉实现有机连接和精准耦合，如何一并解决改革过程中出现的基层权轻责重现象，真正确保权随事转，都是需要着力破解的难题。因此，深化行政执法体制改革作为一项从内到外的系统性工作，亟须进一步捋顺机制、协同联动。

在此背景下，基于整体政府理念，浙江省全面推进"一支队伍管执法"和跨部门、跨领域综合行政执法，在"行政一体化"的原则下，有效构建跨层级、跨地域、跨系统、跨部门、跨业务的执法协同机制，推动行政执法体制重构、制度重塑、流程再造，实现"瘦身、强体、提质、增效"，加快形成权责统一、权威高效的"大综合一体化"行政执法新的格局，迭代升级"县乡一体、条抓块统"基层治理模式，打造基层治理创新的地方样本。

第二章　改革总体设计

　　行政执法是国家行政机关在执行宪法、法律、行政法规或履行国际条约时所采取的具体办法和步骤，关系着法律法规的有效实施，是建设法治中国，助推国家治理现代化的重要一环。当前社会主要矛盾发生变化，公众的生存型需求向发展型需求转变。为了解决不平衡、不充分发展，满足人民美好生活需要，各级政府必须提高公共服务能力，及时满足公众的多元化需求。①伴随着中国特色社会主义法律体系的基本建成和不断完善，法律如何被有效施行成为新时代依法治国的重要内容。全面依法治国迫切需要各级政府在行政执法中提高"法律保留原则"地位，继续推行负面清单、责任清单、权力清单等制度，将政府各项权力的行使都纳入法治轨道。此外，国家治理现代化不仅要求建立并完善静态的法律体系，而且还要求健全动态的法治体系，要求合理界定权力与市场的关系，建构符合现代法治标准的权力配置体系、行政执法体制体系、政府责任体系，善于运用"法治思维和能力"解决新时代国家经济社会中出现的新问题。

　　为了适应时代需求，行政执法改革势在必行。党的十八届四中全会通过的《中共中央关于全面推进依法治国若干重大问题的决定》提出"深化行政执法法治改革"。贯彻落实好这项改革要求和任务，对深入推进依法行政、加快建设法治政府具有重要意义。行政执法体制，就概念而言，就是行政执法权力如何配置、怎么运行的制度体系，涵盖行政执法主体、行政执法职权和职责、行政执法程序和运行机制等体系。当前，现行行政执法体制主要存在以下问题：一是执法体制上，条块关系未理顺。从横向角度看，执法机构权责不清，执法冲突、重复处罚、执法扰民现象严重，管理成本增加，管理效率低下；从纵向

---

① 杨峰：《新时代行政执法的内涵价值与改革路径》，《人民论坛》，2020年第5期。

角度看，不同层级行政执法机构都有权管理，上下级之间职责分工不明确，从而导致条块关系复杂。二是执法机制上，长效管理有欠缺。机制的建立，一靠体制，二靠制度。所谓体制，主要指的是组织职能和岗位责权的调整与配置。通过与之相应的体制和制度的建立，机制在实践中才能得到体现。在现行的执法中，没有构建起长效的管理机制，管理常态化、长效化、规范化的作用及效果没有得到显现。三是执法监督上，制约机制不健全。对行政执法机关的监督制约机制和追究责任制度不够完善。行政执法是一种权力，更是一种责任，应该权责统一，而现行的行政法律制度对行政执法部门及其工作人员违法责任追究规定较少，对具体的行政执法人员缺乏必要的监督制约。为了破解此类问题，浙江省作为全国唯一的"大综合一体化"行政执法改革国家试点，对此项改革进行循序渐进的系统设计，其总体设计涉及改革的理论基础、改革的基本原则、改革推进阶段、改革的整体架构。这部分主要围绕四种改革要素来阐述改革总体设计。

第一节　改革的理论基础

"大综合一体化"行政执法改革的指导思想是以习近平新时代中国特色社会主义思想为指导，以数字化改革为引领，以构建高效协同的事中事后监管执法体系为重点，融合"县乡一体、条抓块统"改革，致力于构建完善职责清晰、队伍精简、协同高效、机制健全、行为规范、监督有效的行政执法体制机制。[①]这项改革想要通过数字化手段或方法，重塑机制和流程，达到一种高效协同、整理治理的状态。也就是说这项改革想要以协同治理、整体政府的理念，来破解当前行政执法"碎片化"的困境。这种以整体性政府为方向的改革并非天马行空，在中西方的学术界中都有相应的理论支撑。在这部分，笔者梳理了以协同治理、整体政府为核心的三种理论，分别是协同治理理论、整体性治理理论和善治理论。

---

① 《浙江省加快推进"大综合一体化"行政执法改革试点工作方案》。

一、协同治理理论

协同治理理论主张处于同一治理网络中的多元主体间通过协调合作，形成彼此啮合、相互依存、共同行动、共担风险的局面，产生有序的治理结构，以促进公共利益的实现。[①]在精神上突出了与传统行政管理不同的三个特质：公共文化精神的理性化和契约化、社会个体的自主性和自治性、国家或社会关系的合作性和共治性。[②]

在现实意义上，绝大部分学者都认为协同治理是对政府治理、市场治理和社会自治的反思和超越，它具有能量耗散聚合的内在特质，体现了现代治理的精神品质，是推进治理体系与治理能力现代化的重要组成部分。实行协同治理能够实现社会公共事务"整体大于部分之和"的协同效应，能从质和量两方面加大系统的功效，创造演绎出局部所没有的新功能，实现力量增值。[③]针对当前行政执法冲突、重复处罚、管理成本增加、管理效率低下的问题，该理论为改革增强执法协同性，提高执法效率提供理论支撑。

二、整体性治理理论

整体性治理理论是随着信息化、数字化的普遍使用而兴起的一种与信息时代相适应的新的治理理论，是针对新公共管理运动过度依赖市场机制而导致公共管理碎片化问题，逐渐形成发展起来的。整体性治理理论具有丰富的内涵。[④]在理念上，注重治理问题的预防导向、公民需求导向和结果导向，以满足公民需要的整合型政府运作为核心；在组织架构与形态上，坚持"治理层级的整合、治理功能的整合和公私部门的整合"；在组织结构上，强调

---

① 李辉、任晓春：《善治视野下的协同治理研究》，《科学与管理》，2010年第6期。

② 郑卫荣：《政府治理视角下的公共服务协同治理》，《经营与管理》，2010年第6期。

③ 持这种观点的学者较多，参见陆世宏：《协同治理与和谐社会的构建》，《广西民族大学学报（哲学社会科学版）》，2006年第6期；何水：《协同治理及其在中国的实现》《西南大学学报（社会科学版）》，2008年第3期；谭英俊：《公共事务合作治理模式：反思与探索》《贵州社会科学》，2009年第3期；杨清华：《协同治理与公民参与的逻辑同构与实现理路》，《北京工业大学学报（社会科学版）》，2011年第2期。

④ 曾凡军、韦彬：《整体性治理：服务型政府的治理逻辑》，《广东行政学院学报》，2010年第1期。

打破部门界限，打破分割管理模式中分散化、功能分割、各自为政的管理和服务方式，强调将专业分工、层级节制的"金字塔型"组织结构转变为以流程为中心的由多个工作团队或节点组合而成的扁平化网状结构；在手段上，以信息技术和网络技术作为治理手段。

整体性治理主张管理从分散走向集中，从部分走向整体，从破碎走向整合，[①] 跨越组织藩篱，为公民提供无缝隙而非分离的、间断性的公共服务。该理论较好地解决了传统公共行政模式与新公共管理模式带来并无法解决的社会治理的碎片化和政权体系内部裂解化等一系列问题，尤其非结构化的社会问题、结构不良的社会问题或棘手的社会问题等跨边界问题。

整体性治理理论致力于解决的"碎片化"现象在推动基层社会治理创新的过程中仍然存在，主要表现为基层政府和社区、行业协会、企业、公民之间乃至不同管理部门之间"缺乏妥善的冲突管理和足够的制度化联系所导致"的缝隙和不合作行为。该理论在治理理念、组织结构、治理手段上所倡导的方向与"以数字化改革为牵引形成制度重塑、流程再造"的指导思想非常一致，可以说整体治理理论为"大综合一体化"改革实践提供了理论基础与改革方向。

三、善治理论

善治理论主张以社会公共利益和民众公共福利的最大化作为政府的本愿来谋求为公众服务的治理，其最根本的出发点是让社会公众能够享受更加丰富的公共产品，享受更加完善的和更高质量的公共服务；[②] 就治理方式而言，善治是政府放权于社会、放权于市场、放权于企业与公民，在平等契约基础上与其他治理主体的良性互动和合作，而当其他治理主体各司其职时，政府可以适当地放松管制，实行"无为而治"；就治理结果而言，善治是在公民广泛参与的前提下通过社会治理机制化解社会中出现的各种矛盾冲突，从而在全社会形成对公共事务的多主体、多层次、多方法的治理格局。

---

① 竺乾威：《从新公共管理到整体性治理》，《中国行政管理》，2008年第10期。

② 陈广胜主编：《走向善治——中国地方政府的模式创新》，浙江大学出版社2007年版，第109~110页。

善治与我国构建共建共治共享的社会治理格局有异曲同工之妙，其在最大限度增进公共利益的前提下，实现政府、社会、市场、公民对公共事务的协同治理。在此协同网络中的沟通和参与，是平行的、各以主体身份存在的磋商与对话模式。

三种理论不论是在理念上还是方式方法上，都对行政执法改革具有指导意义，例如首先改革要破解部门碎片化和服务裂解性，实现政府的整体性运作。整体治理理论指出要聚焦社会关注、群众关切的高频高危领域，以信息技术为手段，梳理形成以流程为中心的扁平化网状结构。那么在改革实践中，"大综合一体化"要以数字化改革为牵引，梳理形成"一件事"，综合集成多部门多领域执法监管事项，对照事前事中事后监管流程，细化监管职责和任务，从而减少重复执法和执法扰企、扰民。其次改革要强调协调与整合，将不同层次的治理或同一层次的治理进行整合。整体治理理论和协同治理理论指出要整合治理层级，加强系统的协同性。这也意味着在改革实践中要厘

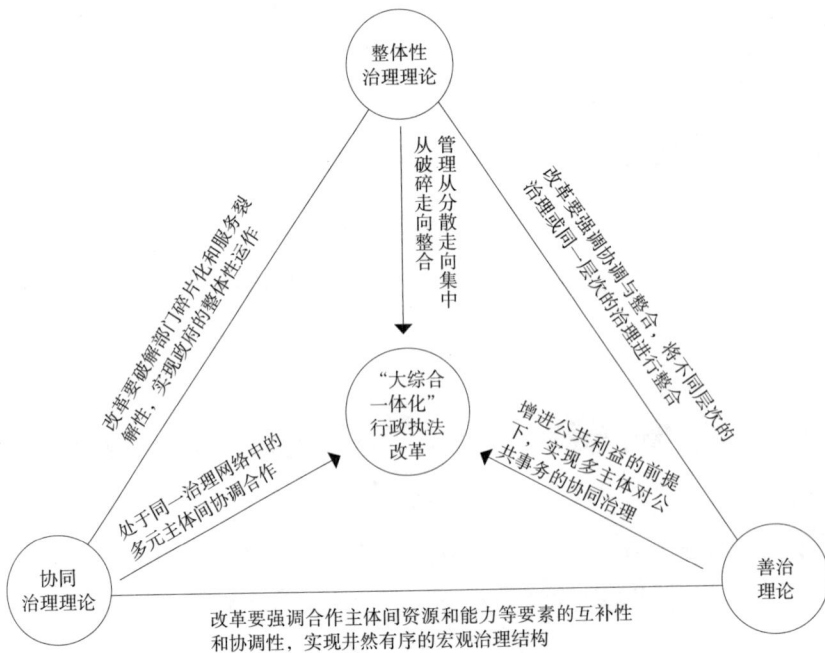

图1 "大综合一体化"行政执法改革的理论基础

清不同层级的执法职责和权限，组建统一的综合行政执法机构。此外，改革还要强调合作主体间资源和能力等要素的互补性和协调性，实现井然有序的宏观治理结构。三种理论都蕴含了政府、社会、市场、公民对公共事务的协同治理，这为改革实践中以信息化为手段，创造平台构建共建共治共享的法治社会提供方向。

第二节　改革的基本原则

综合行政执法改革的基本原则，是指综合行政执法改革所应遵循的具有本原性的指导思想和根本原则。其特征包括：（1）内容的根本性。基本原则应该能够全面、真实、集中地反映行政执法的特点，能够从根本上抽象概括出综合行政执法的共性。（2）效力的一贯性。基本原则对于综合行政执法改革的规范体系应当具有普遍的价值指导意义和权威性，并贯穿改革的始终。根据这两大特征，这一部分将综合行政执法改革的基本原则提炼为坚持党的全面领导，利民为本、法治为基，整体智治、数字赋能，综合集成、高效协同四大原则。

一、坚持党的全面领导

新时代的行政执法改革要想达成目标，就必然要在党的领导下进行。[①] 党的领导作为中国特色社会主义的最本质特征和最大优势，在国家治理中纵览全局、协调各方。具体到行政执法改革，坚持党的领导就是要坚持各级党委对于行政执法改革的思想领导、政治领导和组织领导，以习近平新时代中国特色社会主义思想为指导思想和行动指南，把党的领导贯穿行政执法改革各方面和全过程，将党相关的路线、方针、政策通过法定程序沿行政层级层层实施，通过各级党委把握改革的政治方向，统筹协调各方面关系和资源。

---

① 杨峰：《新时代行政执法的内涵价值与改革路径》，《人民论坛》，2020年第5期。

二、利民为本、法治为基

毛泽东同志曾给共产党人提出了"为人民服务"的崇高宗旨，进入改革开放和社会主义市场经济新的历史时期，江泽民同志也提出了"三个代表"重要思想，丰富和发展了"为人民服务"的内涵，这是我们党的建设的一个重要法宝。行政执法体制改革要坚持以人民为中心的发展思想，将"执法为民"嵌入改革之中，把服务融入执法之中，转变执法方式，真正使行政执法工作体现出人性化的要求、文明化的要求、规范化的要求，努力让人民群众在每一次执法活动中感受到公平正义，切实维护好广大人民群众切身利益。法治政府建设是全面依法治国的重点任务和主体工程，是推进国家治理体系和治理能力现代化的重要支撑。规范、高效、便民的执法工作不仅是国家机构改革、政府职能转变、深化"放管服"、实现城市治理现代化的战略任务与内在要求，更是新时代民心所向、民生所需。因此，法治是执法改革的基础，利民是执法改革的落脚点。

三、整体智治、数字赋能

在智慧城市治理背景下，智慧治理的推进有利于实现习近平总书记所要求的"像绣花一样精细"的城市治理。①互联网、大数据已成为各执法机构平稳运转和精细管理的有效工具，政府通过广泛运用数字技术，推动治理主体之间的有效协调，实现精准、高效的公共治理。"整体治理"和"智慧治理"的有机结合，能够打破界限，实现功能整合、结构重构和行政系统一体化，是行政执法改革的必然趋势。行政执法体制改革要坚持系统观念、系统方法，完善市县政府行政执法管理体系，加强统一领导和协调；以数字化改革为牵引，统筹运用数字化思维、数字化技术，对行政执法进行全方位、系统性重塑，推动实现质量变革、效率变革、动力变革。

---

① 杨书文、李国豪：《规范、高效、便民——城市管理综合执法改革的三大目标》，《经济学管理学研究》，2020年第6期。

四、综合集成、高效协同

综合执法改革的核心是以相对集中行使处罚权为制度基础，以清理整顿行政执法队伍为手段，涉及政府职能转变、机构调整、人员精简等方面的行政执法体制改革和创新。理论上，将分散的执法机构整合可实现"精简"；通过整合可实现对外执法"统一"。但是要想实现"精简统一效能"的目标，就必须综合集成、高效协同。然而机构间有效的协同，很难自发形成。新制度经济学为双边协调的困境提供了很好的诠释。交易成本因订约主体的"有限理性"和"外部的不确定"[①]使对方要挟的威胁大大增加。[②]经济学给出的解决方案是，缔约一方通过纵向"组织一体化"的合并，将合作对象内部化为组织的一部分，相对原双方通过谈判来增进协同，更能降低交易成本。[③]在国家机构内部或之间，若通过纵向一体化的集中，用指令取代协调，是更有效的协同路径。因此，综合行政执法体制改革要突出改革的系统性、整体性、协同性，更大范围整合执法队伍，强化执法协同，提高执法效能。

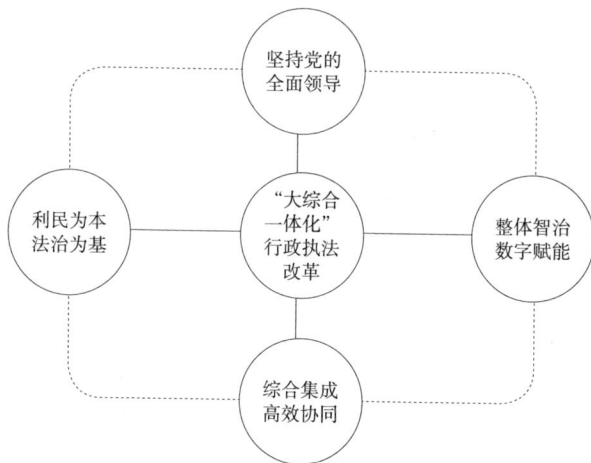

图2　"大综合一体化"行政执法改革的基本原则

---

① 聂辉华：《新制度经济学中不完全契约理论的分歧与融合——以威廉姆森和哈特为代表的两种进路》，《中国人民大学学报》，2005年第1期。

② 缔约各方都会采取各种策略行为来谋取自己的利益（机会主义），加之双方相对于存在充分竞争的市场主体间的大数关系而言，系相互依存的"小数关系"。双方依存程度越高，寻找新的替代伙伴的成本越高（资产专用性）。参见周雪光主编：《组织社会学十讲》，清华大学出版社2003年版，第36、42页。

③ ［美］奥利弗·E. 威廉姆森著，蔡晓月、孟俭译：《市场与层级制：分析与反托拉斯含义》，上海财经大学出版社2011年版，第300页。

第三节 改革的整体架构

综合行政执法改革是法治政府建设的关键命题，也是一个需要长期探索和深化的过程。党的十九届四中全会将深化综合行政执法改革摆在了新时代治国理政布局中更加突出的位置，当前我国综合行政执法改革在取得一定成效的同时，也面临着一系列"碎片化"困境。① 在整体性治理、协同治理及善治理论的指导下，改革强调高效协同。特别是整体性治理的理论、方法、手段运用到"大综合一体化"行政执法改革实践之中，聚焦"五大体系＋数字应用"六大任务，即行政执法职责体系、行政执法队伍体系、执法方式方法体系、行政执法制约监督体系、行政执法制度体系＋"大综合一体化"执法监管数字应用，形成六个方面的重点任务，一体推进"大综合一体化"行政执法改革，搭建了"大综合一体化"行政执法改革的整体架构。

一、构建权责统一的行政执法职责体系

综合行政执法是一个不同于日常监督管理的职责权限，在整合并统一行使原本分散的行政执法职责权限的同时，必须要对管理与执法职能予以科学划定。增加划转集中行使的职责权限，将部分执法事项从逻辑上归入执法职能是改革的一项重要内容，但职责权限的"综合"有一个边界，逾越边界的综合行政执法就会"失灵"。② 为了进一步深化改革，理顺不同执法主体的执法权限，改革按照整体智治的理念，全面梳理执法事项，形成覆盖省市县乡四级的执法事项清单，实现体系化、动态化、标准化管理，重点任务主要涉及如下三个方面。

（一）全面梳理、科学编制执法目录

总的框架是构建"三张清单"，即执法目录总清单＋综合执法清单＋专

---

① 丁煌、李雪松：《整体性治理视角下综合行政执法改革的深化之道》，《南京社会科学》，2020年第12期。

② 同上。

业执法清单。与省权力事项库（监管库）对接，汇总 42 个执法职能部门的执法事项形成执法目录总清单；在总清单基础上，把基层常见、与企业群众紧密相关和多头重复执法的高频率、高需求、高综合的执法事项，实行单库管理，分批纳入综合执法范围，形成综合执法清单；各地执法队伍精简后，保留的队伍对照中央主管部门的要求，编制专业执法清单（包含本部门的监管执法事项和其他部门整合划转的执法事项）。

（二）理顺监管和执法的关系

虽然执法事项划转给综合执法部门，但是监管职责由原业务主管部门承担。在分工上，除固定监管对象的定向检查外，以日常巡查为主的监管主要由综合执法部门承担；制定监管规则和监管标准、定向检查等其他监管工作由原业务主管部门承担。业务主管部门要为综合执法部门开展执法活动提供技术支撑，向综合执法部门移交违法活动线索、举报信息以及涉案初步证据情况；综合执法部门要接受业务主管部门的执法业务指导，建立考核制度，强化协同配合，筑牢监管执法链条。

（三）持续抓好执法目录动态管理和完善

在三张清单的总框架下，根据执法实际需求和法律法规修改情况，编制各类单项执法目录，做好有关目录清单动态更新和完善。在全省统一目录基础上，因地制宜拓展综合执法事项范围，构建综合执法事项"基础库＋自选库"。建立完善乡镇执法事项指导目录，把易发现、易处置、易承接的事项作为基准库，统一赋权乡镇执法，由乡镇根据实际需要和承接能力自主选择，争取切实解决基层"看得见、管不着"的问题。

二、构建"金字塔型"的行政执法队伍体系

"重心下移、力量下沉"是改革的基本规律，执法力量下沉必须与执法重心下移相伴而行。"大幅减少执法队伍类别，合理配置执法力量"是改革的要求，一直以来，我国执法力量的层级配备是单向度的，综合行政执法的实际工作最终都是要落实到基层。因此，执法资源配置要与工作量的分布相

匹配，越往下，基座要越宽，力量部署要越多。要打破上下层级间的边界，强化部门间协同、县乡联动，探索完善"1+X"执法模式，切实解决基层"看得见、管不住"和职能部门"管得着、看不见"的问题，推进"一支队伍管执法"，主要从精简执法队伍、优化执法层级、整合乡镇执法力量等方面着手。

（一）精简执法队伍

更大力度整合执法队伍，更大范围开展跨领域跨部门执法，对 8 支队伍中执法事项不多、专业性适宜的，探索加大精简力度，做到应统尽统，进一步优化执法资源配置、减少多头执法、重复执法、提升执法效能。同时，逐步规范执法队伍人员编制管理，全面清理规范执法辅助人员，实现行政执法队伍数量和财政供养人员"双下降"。

（二）优化执法层级

按照执法重心下移的要求，市和市辖区只设一个执法层级，除生态环境、交通运输领域外，其他领域原则上要实行以区为主的执法体制。在分工上，市级主要负责统筹协调、监督指导、跨区域案件和重大复杂案件执法，县级负责日常执法检查和一般违法案件的查处，推动执法职责和力量向县乡下沉集中。

（三）整合乡镇执法力量

除中央明确实行派驻体制的机构外，其他部门派驻乡镇的执法力量都要整合纳入乡镇实行统一管理。实行派驻体制的基层站（所）力量，也要纳入乡镇统一指挥。市、县要细化执法人员"县属乡用"管理办法，完善执法人员日常管理、考核、待遇等制度，保障乡镇对下沉力量有效行使指挥权。特别是要进一步打通"大综合一体化"执法监管数字应用和"基层治理四平台"，保障基层能充分借助数字化、智能化手段开展执法统筹协调指挥，提升执法工作效能。

三、构建科学规范的执法方式方法体系

执法方式带有工具属性，执法方式不当是引发执法主体和执法相对人之

间矛盾冲突的主要原因，沿着从"硬性"到"柔性"的转换减轻了执法双方的矛盾，是改革阶段执法方式的创新所在。[①]执法规范化程度越高，法治权威和法治信仰就越能在全社会加快形成，给人民群众带来的获得感和安全感也会越来越强，因此深化改革要加大重点领域执法力度、提升行政执法的温度、创新公平公正的执法监管方式。

加大重点领域执法力度。对疫苗、药品、特种设备、危化品、交通运输、生态环境、金融服务、教育培训等涉及人民生命安全、社会关注度高、关系群众切身利益的重点领域，实行全主体、全品种、全链条的严格监管，加大执法力度，严禁一罚了之、以罚代管、罚而不治，严禁不及时查处、不严肃查处。

提升行政执法的温度。准确把握社会心态和群众情绪，充分考虑执法对象的切身感受，坚持处罚与教育相结合，在更多领域推广实施轻微违法告知承诺制，制定具体化、标准化的不予处罚事项清单，通过广泛运用说服教育、劝导示范、警示告诫、指导约谈等柔性方式，确保法治效果和社会效果有机统一。

创新公平公正的执法监管方式。严格落实行政执法"三项制度"，健全行政裁量权基准制度，切实解决同事不同罚、处罚轻重程度不同等选择性执法、执法不公等问题，不断提升执法的公信力。各部门细化量化裁量范围、种类和幅度，高频事项自由裁量基准细化率要达到100%。要健全以信用为基础的新型监管机制，提升公共信用数据质量，构建信用评价模型，拓展"信用＋执法监管"应用场景，实施信用分级分类精准监管。全面推行"综合查一次"，以执法监管"一件事"为切口，综合集成多部门多领域执法事项，综合运用"双随机、一公开"等方法，实现"进一次门、查多项事、一次到位"，减少重复执法和执法扰企扰民，优化法治化营商环境。特别是要坚持对新兴产业实行包容审慎监管，在监管中找到新生事物发展规律，该处置的处置，该客观对待的客观对待，不简单封杀，但也绝不能放任不管，推动新兴产业健康发展。

---

① 丁煌、李雪松：《整体性治理视角下综合行政执法改革的深化之道》，《南京社会科学》，2020年第12期。

四、构建有力有效的行政执法制约监督体系

对执法权力的制约和监督是法治建设中的重要内容，也是十八大以来党中央和国务院高度重视的工作任务。[①]然而，当前行政执法人员因缺乏有力的监督举措而容易出现执法工作效率不高的现象。法律需要人来执行，必须保证执法的人尊法守法。要健全事前事中事后监管有效衔接、信息互联互通共享、协同配合工作机制，努力实现对行政执法的全方位、全流程监督。

（一）打通监管与执法"双向监督、同向发力"通道

将行政执法领域作为浙江省公权力大数据监督的重要内容，建设行政执法领域公权力大数据监督多跨协同场景，推动各部门、各领域、各层级行权和监督数据共享贯通，行政执法权行使全流程在线运行、留痕可溯、监督预警，强化监督的再监督，发现处置行权异常背后的违法违纪问题，实现既抓末端、治已病，更抓前端、治未病。

（二）推进行政执法监督工作机制建设

建设市、县、乡三级全覆盖的行政执法协调监督工作体系，组织开展乡镇（街道）法治化综合改革试点，推进基层法制审核全覆盖，建立健全行政执法评议制度及指标体系，开展执法制度、监管履职、执法质量、队伍建设、执法绩效等全方位评议，积极发挥行政复议、行政诉讼监督功能，促进行政执法，更加严格规范公正文明。

（三）加强行政执法各类监督的贯通协同

坚持以党内监督为主导、以纪委监委专责监督为主干，共同发挥人大监督、行政监督、司法监督、舆论监督、群众监督作用，不断提升对行政执法的监督水平，形成对行政执法的监督合力。

---

① 莫岳云、陈婷：《十八大以来我国行政执法体制的改革与创新》，《理论导刊》，2017年第10期。

五、构建权威高效的行政执法制度体系

"大综合一体化"行政执法改革国家试点更多面对的是深层次体制机制问题，对改革的系统性、整体性、协同性要求更强。要坚持"破""立"并举，积极寻求国家层面的政策支持，构建具有浙江省辨识度的行政执法制度体系，为推进"大综合一体化"行政执法改革提供有力的制度保障。

（一）积极争取政策制度支持

梳理研究"大综合一体化"行政执法改革国家试点涉及需要暂时调整实施的法律、行政法规条款，形成需求清单，及时提出调整建议，积极争取政策授权，在执法队伍人员编制规范管理、执法车辆、制式服装和标志标识管理等方面提供政策保障。

（二）健全完善地方性法规规章制度体系

全面抓好《浙江省综合行政执法条例》的学习宣传和贯彻实施，市人大常委会要适时开展条例实施情况专项监督，推动这项创制性立法真正成为"大综合一体化"行政执法改革国家试点的有力制度保障。同时，坚持"立、改、废"并举，对滞后于改革要求的地方性法规、规章、行政规范性文件，及时推动清理、修改和废止，为国家试点开展提供一整套更完备、更稳定、更管用的制度体系。

（三）建立健全改革配套制度

建立常态化监管执法事项目录动态管理机制，出台《"综合查一次"实施细则》等执法标准和规范指引，完善"教、学、练、战"一体化机制，统一行政执法监管要素、协同指挥、监管检查、处罚办案、执法监督等数据标准，不断提升行政执法标准化、数字化、智能化水平。

六、构建"大综合一体化"执法监管数字应用

"大综合一体化"改革顺应数字时代，坚持"权力规则化、规则数字化、数字智能化"，加快建设"大综合一体化"数字执法平台，发挥数字化改

革引领、撬动、规范作用，推动行政执法全方位变革、系统性重塑。

（一）推进执法监管事项全上平台

集成行政检查、行政处罚、行刑衔接、行政复议、行政诉讼、执法监督等执法全流程要素，推进跨部门数据共享、证据互认，打破各领域、各环节执法"信息孤岛"。迭代升级全市权力事项库（监管库），推进监管主项、检查事项、处罚事项全部纳入数字执法平台运行，不断拓展多跨部门"监管一件事"。统一行政执法主体和执法人员信息数据标准，推进市、县、乡执法主体、执法人员100%纳入平台，通过掌上亮证执法，建立电子执法档案，实现执法办案全程网办、自动留痕。除公安机关外，所有执法主体和执法人员都要使用统一平台开展工作。

（二）推进执法协同指挥全屏掌控

健全行政执法统筹协调指挥机制，全面建立行政执法统一指挥平台，并与"基层治理四平台"联动贯通，实现执法指挥直达手机端、移动执法端，推动一体化执法。建立部门间、县乡间常态化联合执法、应急配合、信息共享、案件移送等协作配合制度，进一步强化综合执法部门与专业执法部门协调联动，实现跨部门、跨层级、跨区域联动响应。

（三）推进行政执法效能全面画像

全面监督行政许可、行政确认、行政检查、行政处罚、行政强制等行为，自动生成执法效能指数，形成从执法问题智能定位、分析研判、处置纠正、整改反馈到执法效能评价的监督闭环，实现监督线索从"人工排查"向"智能定位"转变、监督领域从"碎片监督"向"全面监督"转变、监督效果从"案结事了"向"群众满意"转变。

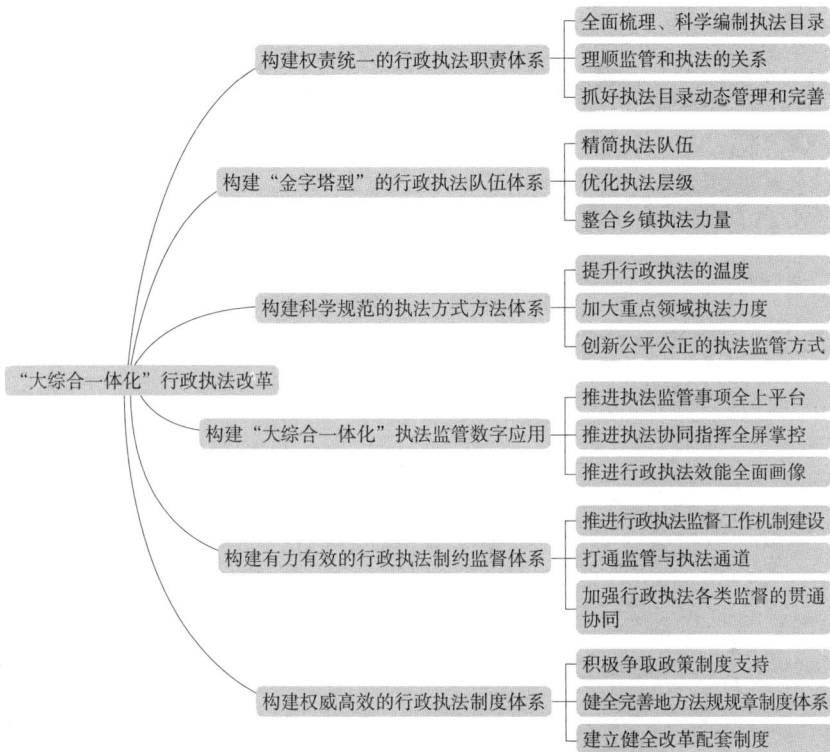

图 3　"大综合一体化"行政执法改革的总体架构

第四节　改革的推进阶段

2022 年 1 月 30 日,《试点工作方案》获中央批复同意,标志着浙江省"大综合一体化"行政执法改革进入国家试点。试点的目的是探索改革的实现路径和实现形式,"大综合一体化"行政执法改革试点落地浙江省是对浙江省改革工作的肯定和支持,说明了浙江省行政执法改革走在全国前列。衢州作为浙江省的一分子,勇当开路先锋,从地方实际出发,探索推进行政执法改革路径。为了实现整体执法效能全面提升,构建权责统一、权威高效"大综合一体化"行政执法新格局,在总体设计上,衢州根据改革目标不同将执法改革分为四个阶段推进,不同的阶段要实现的目标不同,执法改革的任务也不同,改革的措施及重点各有不同。[①]

[①]　韩志明:《渐进式改革及其演进逻辑:以城管执法体制改革为例》,《学海》,2019 年第 5 期。

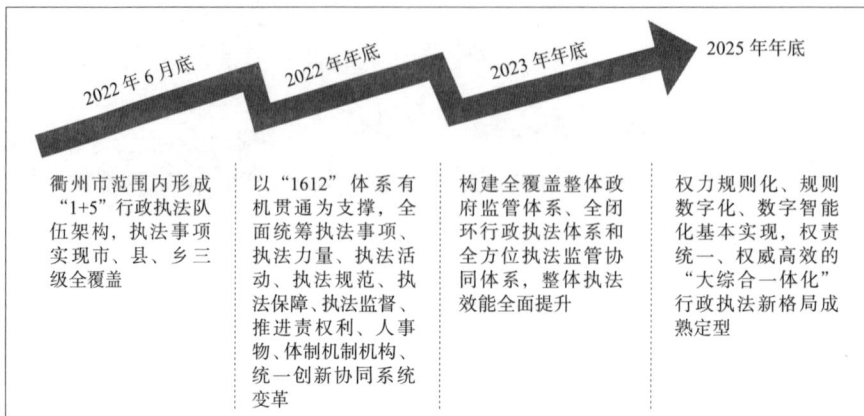

图4 "大综合一体化"行政执法改革的推进历程

一是到2022年6月底，在衢州市范围内形成"1+5"行政执法队伍架构，执法事项实现市、县、乡三级全覆盖。形成市、县、乡三级执法事项管理体系，综合执法事项达到占全市行政执法事项的45%以上，综合执法"三高"（高频率、高需求、高综合）事项占全市"三高"执法事项总量的60%以上。构建"1+5""金字塔型"行政执法队伍体系。在"1+8"基础上，进一步精简执法队伍，不再保留自然资源、文化旅游、农业农村三支执法队伍建制，整合形成"1+5"执法架构，精简部门专业执法队伍60%以上，行政执法力量下沉县、乡两级85%以上，其中下沉乡镇（街道）60%以上。聚焦市本级与"两城两区""两城"与"两区"、综合执法部门与业务主管部门、综合执法部门与专业执法部门、综合执法部门与乡镇（街道）、中心乡镇（街道）与辐射乡镇、乡镇（街道）与部门派驻执法人员等关系，重构执法权责关系、再造执法流程、推进协同高效。

二是到2022年年底，以"1612"体系有机贯通为支撑，全面统筹执法事项、执法力量、执法活动、执法规范、执法保障、执法监督，推进责权利、人事物、体制机制机构、统一创新协同系统变革。贯通"大综合一体化"行政执法监管数字应用与"1612"体系，依托市域治理中心，向上对准数字法治跑道，承接省"大综合一体化"行政执法监管数字应用，向下贯通县级社会治理中心和基层治理四平台平安法治跑道，市、县、乡三级执法平台运行率100%，推动执法监管、案件查处、合法性审查线上运行全程留痕。推动科技赋能执法监管，成立无人机巡查支队、绿色发展联查支队，形成全市域"低空＋中空＋高空""联查＋综查＋融查"人机立体多维巡查网，通过"综合飞一次"，实现全领域跨部门、全覆盖无盲区，为执法监管提级赋能。推动体制机制机构"八个统一"，聚焦人员下沉和事项下放、机构设置、法制审核、制度机制、执法标准、平台跑道、基本装备、人员素质规范等重点，加快系统性变革重塑，实现市、县、乡三级步调一致、运行规范。

三是到2023年年底，构建全覆盖整体政府监管体系、全闭环行政执法体系和全方位执法监管协同体系，整体执法效能全面提升。做优做实乡镇（街道）"一支队伍管执法"后半篇文章。进一步优化配强基层执法力量，提升基层法制审核能力，常态化开展综合行政执法素质提升行动，全面提升乡镇街道执法能力，推动赋权事项"看得见、管得着、管得好"，实现易发生易发现、易处置事项基本在基层解决。拓展监管"一件事"场景应用，制度化开展"综合查一次"，精简执法监管事项、执法活动，增强执法协同、执法效能，实现"进一次门、查多项事、一次到位"，市场主体迎检时间下降80%以上，获得感明显增强。

四是2025年年底，权力规则化、规则数字化、数字智能化基本实现，权责统一、权威高效的"大综合一体化"行政执法新格局成熟定型，改革成效迭代跃升为治理实效，形成更多在全省、全国具有示范引领作用的改革成果。

作为加快发展地区，衢州在浙江省全省率先构建"综合行政执法＋市场监管、生态环境、交通运输、卫生健康、应急管理"的"1+5"行政执法体系，进一步打造"事权下放、力量下沉、执法综合、监管融合"的行政执法新格局，实现行政执法"瘦身、强体、提质、增效"的实质性突破和系统性进展。目前改革不仅获得2021年度衢州市改革突破奖，而且成为全省"大综合一体化"行政执法监管数字应用全市域试点城市。改革经验做法获时任浙江省省政府副省长高兴夫批示肯定，要求一地创新，全省推广。

第三章　改革重点任务

2022年3月，浙江省"大综合一体化"执法改革推进大会在杭州召开。会后，衢州市充分利用先发优势，围绕执法力量整合、执法事项落地、执法权责统一、执法体系贯通、新型监管机制构建、职责边界明晰、执法能力建设、行政执法监督等难题，聚焦"五大体系＋数字应用"重点任务，按照"启动最早、行动最快、融合最紧、效果最好、局面最稳"总要求，以数字化改革为引领，以建立高效协同执法体制为重点，在全省率先系统性塑造"综合行政执法＋市场监管、生态环境、交通运输、卫生健康、应急管理"的"1+5"行政执法体系，探索破解瓶颈问题新路径，进一步打造事权下放、力量下沉，执法综合、监管融合，管不着向管得好转变、不会执法向善于执法转变的"两下两合两转"行政执法新格局，实现"瘦身、强体、提质、增效"实质性突破、系统性进展，推动行政执法体制重塑、流程再造，努力打造"全省走在前列、全国示范引领"的"大综合一体化"行政执法衢州样板，形成具有衢州辨识度的改革成果。

为解决多头执法、多层重复执法和执法扰民的问题，综合行政执法理念应运而生。综合行政执法是相对于分散、单一执法而言的，是从执法领域机构调整、人员精简的角度提出的，[①]重在解决因行政执法分工过细、职能分散、权责交叉、部门林立、机构重叠等现象导致的执法缺位、越位、错位问题。"大综合一体化"行政执法改革是综合行政执法的"升级版"，是基于部门分散式执法存在职责边界不清晰、县乡权责不对等、协同联动不顺畅、多头执法不便民以及整体智治不充分等问题基础上推进的一项改革。衢州市"大综合一体化"行政执法改革坚持改革导向、问题导向、基层导向、先行导向，

---

① 储厚冰：《浙江省综合行政执法改革的实践与思考》，《中国司法》，2019年11期。

遵循"整体智治、系统推进"发展理念，秉持能统尽统、能整尽整、能下尽下、能放尽放、能融尽融"五原则"，推进执法事项、执法力量、执法活动、执法规范、执法保障、执法监督的统筹，抓好有序厘清监管执法职责，积极优化执法资源配置，深入推进运行一网闭环，持续推动刚柔并济执法，聚焦增强行政执法能力，着力保障依法依规行权等"六个方面"重点任务，从而保障队伍事权"物理整合"向整体智治"化学融合"跃迁的改革转变。

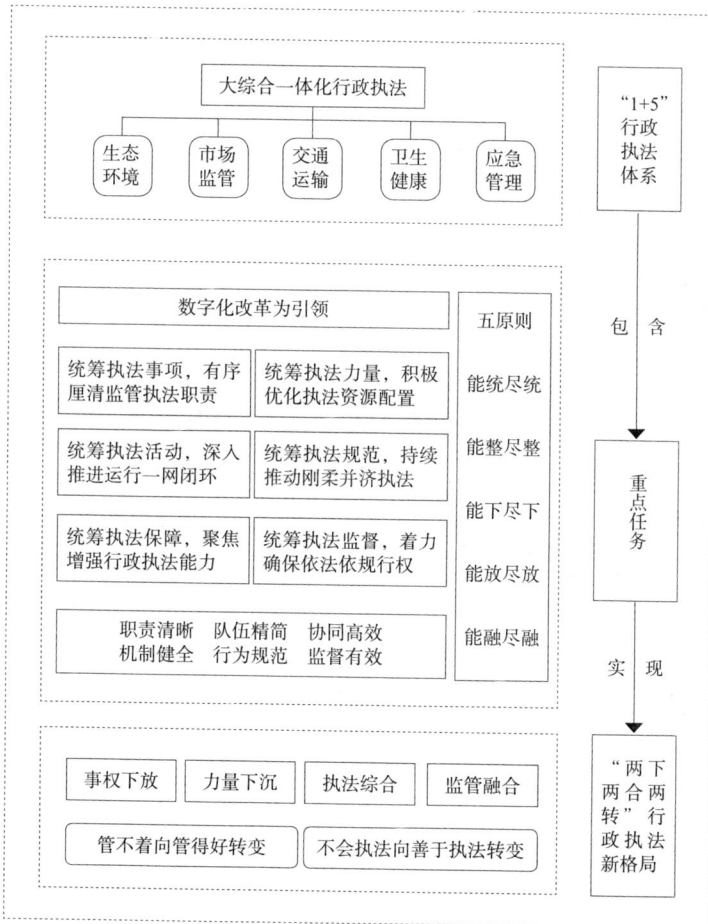

图5　"大综合一体化"重点任务改革体系图

第一节　统筹执法事项，有序厘清监管执法职责

一、科学编制执法目录

实现"大综合一体化"行政执法，首先是要厘清行政执法事项，全面归集、科学编制执法目录，整合"三高"（高频率、高需求、高综合）和"沉睡"事项，推动"橄榄型"事权结构配置到位。要按照整体智治的理念，在省综合行政执法事项统一目录基础上，全面梳理覆盖市、县、乡三级的执法事项清单，特别是要针对"多头执法""无人执法"等执法老大难问题，从清单入手厘清执法部门职责和边界，形成由"执法目录总清单＋综合执法清单＋专业执法清单"组成的"三张清单"架构，实现体系化、动态化、标准化管理。要通过市级权力事项库中41个执法职能部门的执法事项形成执法目录总清单，并编制行政检查清单，确保所有行政检查、行政处罚实现网上运行。要在总清单的基础上，坚持需求导向、问题导向、系统集成，选择基层管理迫切需要且高频多发、易发现易处置、专业要求适宜、与企业群众紧密相关和多头重复执法的"三高"执法事项，实行单库管理，分批纳入综合执法范围，形成综合执法清单，并纳入监督管理事项目录清单管理。保留执法队伍的部门要编制专业执法清单，包含本部门的监管执法事项，及其他部门整合划转的执法事项。

二、理顺监管执法关系

执法事项划转综合执法部门，不等于监管职责也划转给综合执法部门。在分工上，除固定监管对象的定向检查外，以日常巡查为主的监管主要由综合执法部门承担；制定监管规则和监管标准、定向检查、年度或者阶段性监督检查计划等其他监管工作由原业务主管部门承担。[①]业务主管部门为综合执法部门开展执法活动提供技术支撑，向综合执法部门移交违法活动线索、

---

① 李颖：《从"碎片化"到"一体化"：基层综合行政执法改革的突破口》，《宁波经济（三江论坛）》，2022年第7期。

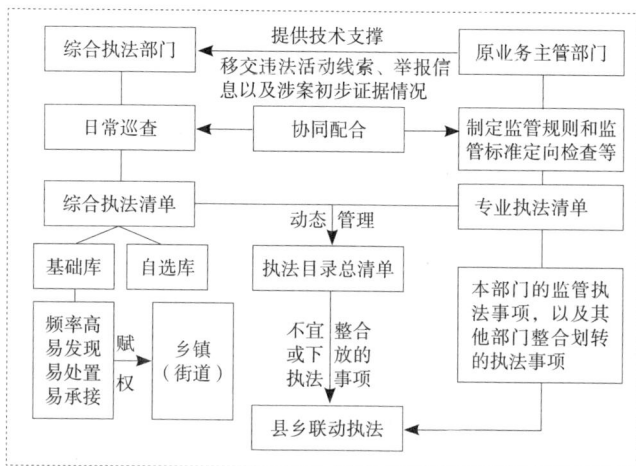

图6　"大综合一体化"重点任务监管执法关系链图

举报信息以及涉案初步证据情况；综合执法部门接受业务主管部门的综合业务指导，建立考核制度，强化协同配合，筑牢监管执法链条。

三、抓好目录动态管理

全市统一的"三张清单"总框架下，在市统一目录基础上，构建综合执法事项"基础库＋自选库"。要建立完善乡镇（街道）执法事项指导目录，把频率高、易发现、易处置、易承接的事项作为基础库，统一赋权乡镇执法，由35个重点乡镇（街道）根据实际需要和承接能力自主选择，解决基层"看得见、管不着"的问题。要对不宜整合或下放的执法事项，加强县乡联动执法，实现从"跨级执法"转向"属地执法"。

第二节　统筹执法力量，积极优化执法资源配置

一、推动执法队伍精简化

厘清行政执法事项并重新编制"三张清单"后，相应地就涉及执法力量的统筹。原分散在多个部门的综合执法事项聚合后就需要将原来分散的执法

队伍在一定程度上予以统一，从而减少多头执法、重复执法。要坚持应统尽统原则，遵循"减机构、减编制、减人员"改革方向，以"全域推进＋试点探索"模式推进部门专业执法队伍整合。除中央和省级规定的市场监管、生态环境、文化市场、交通运输、农业农村、自然资源、应急管理和卫生健康等8个专业执法领域外，其他部门不再保留执法队伍，执法事项回归机关或划归综合行政执法部门，第一步形成全市"1+8"行政执法架构。在第一步基础上，进一步整合农业农村、文化市场、自然资源等3个专业执法领域队伍，探索实践"1+5"行政执法架构模式。要逐步规范执法队伍人员编制管理，推进职责整合与编制划转同步实施，合理配置行政执法力量，全面清理规范执法辅助人员，实现行政执法队伍数量和财政供养人员"双下降"，实现85%以上的行政执法力量下沉县、乡两级，60%以上下沉到乡镇（街道），做精做优综合执法队伍，形成顶端精简、底盘扩大的"金字塔型"行政执法力量布局。

二、实现执法层级科学化

要按照执法重心下移的实际需求，市和市辖区只设一个执法层级，除生态环境、交通运输领域外，派驻柯城区、衢江区的综合执法、市场监管部门执法层级、人员编制下调至两区，市、县两级要按照"内设科室＋直属单位＋基层中队"架构重组，上下对应、业务贯通，形成"以区为主"的其他领域执法体制。要加强统筹，优化配置，强化融合，变各自为战为并肩作战，并确保执法人员保持相对均衡的工作量，确保人尽其用、履职到位。除中央明确实行派驻体制的机构外，其他部门派驻乡镇（街道）的执法力量都整合纳入乡镇（街道）实行统一管理，要积极推行"岗位赋分＋模块评分＋组团积分＋专班计分"的四维考评机制，考评结果与个人评优评先、任免使用、奖金发放直接挂钩，激励派驻干部融入乡镇（街道）、担当作为。同时，派驻体制的基层站（所）力量也纳入乡镇（街道）统一指挥，并推动"一支队伍管执法"向园区、站区、国家公园等延伸。

三、加强镇级执法常态化

35个赋权乡镇（街道）要组建乡镇（街道）综合行政执法队，乡镇（街道）综治副书记分管，一名乡镇（街道）领导任专职队长，派驻中队长任常务副队长，调整县级综合执法、资规、市场监管等部门基层站所设置情况，实现乡镇（街道）执法队与派驻机构整合运行。要以"执法半径适宜、工作体量适中"为原则，根据区域范围、人口基数、执法体量、赋权情况等，35个赋权乡镇（街道）设立联动指挥平台，辐射周边体量较小乡镇（街道），推动"大镇带小乡"，打造"1+X"片区执法队伍，统筹力量、协同作战，及时发现违法行为，变被动为主动，更好地集约执法资源、提升整体执法效能，实现执法力量全覆盖、区域执法一体化，推动80%以上的易处置违法行为由乡镇（街道）自行处置。

表1　35个赋权乡镇（街道）具体情况表

	区域	数量	赋权中心镇
"大镇带小乡"——"1+X"片区执法队伍	柯城区	2支	航埠镇、石梁镇
	衢江区	9支	樟潭街道、云溪乡、杜泽镇、上方镇、廿里镇、湖南镇、大洲镇、高家镇、莲花镇
	龙游县	6支	湖镇镇、龙洲街道、东华街道、溪口镇、小南海镇、塔石镇
	江山市	7支	双塔街道、虎山街道、清湖街道、上余镇、贺村镇、石门镇、峡口镇
	常山县	7支	天马街道、紫港街道、金川街道、青石镇、球川镇、芳村镇、辉埠镇
	开化县	4支	音坑乡、华埠镇、池淮镇、马金镇

四、确保执法队伍规范化

行政执法人员队伍是实施综合行政执法的基本依托，其管理和建设质量事关依法行政大局，直接影响党和人民政府形象和广大人民群众切身利益。[①]

[①] 李冠利、何晨明：《深化5个领域综合行政执法改革的实践与思考——以鹤壁市为例》，《行政科学论坛》，2022年第4期。

根据行政执法职责回归行政机关要求，在压缩执法队伍现有人员编制规模的基础上，逐步规范执法队伍人员编制管理。机关部门负责业务指导和人事工作，乡镇（街道）负责任务安排和综合保障，进一步强化"1个综合执法部门+5个专业执法部门+35个赋权镇街"执法队伍日常管理。市、县党委编委要根据执法任务量和实际需要，在总量内实行跨部门、跨领域动态调整、统筹使用，满足执法重点所需。同时，还要加强机构编制执行情况评估，探索可量化的综合行政执法履职评估办法，作为统筹使用和优化配置资源的重要依据。根据执法监管实际需要，推进执法辅助人员全面清理规范，推进行政执法类公务员分类管理，实行分类考录、考核、培训等。在改革中涉及的干部职工工作和福利待遇，按照老人老办法、新人新办法的原则做出妥善安排，不搞断崖式的人员精简分流。要进一步规范执法制式服装和标志管理，推进数字化执法装备标准化配备，实现执法业务领域、人员覆盖率100%。要进一步建立健全行政执法培训体系，设立市、县两级培训中心，编制年度培训工作方案和大纲，建立"专家+教员"资源库，开展业务、法制培训，通过多轮培训和军事化训练，打造全科执法队伍。

第三节　统筹执法活动，深入推进运行一网闭环

一、全力打造上下贯通平台

针对不同领域、环节执法"信息孤岛"，要加快市、县、乡数据贯通、业务融合，推进综合执法事项100%上平台、平台运行率100%。要打造市域一体、行业集成、多维融合的"市域治理中心"，涵盖执法监管模块，向上承接省"大综合一体化"行政执法监管数字应用，向下经由县乡社会治理中心和基层治理四平台的平安法治跑道，直至村社网格，实现数据、业务、执行有机融通、幼小衔接。到2022年底，进一步打通县级治理中心、基层治理四平台，实现"1612"体系贯通、执法监管与城市运行平台有机融合，市县一体、协同推进场景应用上线，平台迭代运行、实现统一指挥，市域治

理中心初具雏形。到 2023 年底，要整合"多中心"为"一中心"，形成"政府 + 群众、线上 + 线下、监管 + 服务"多元治理格局。

二、扎实构建在线审核体系

建立跨部门、跨区域、跨层级的行政执法法制审核协作机制，整合和共享有关行政执法机关的法制审核力量，通过数字化行政执法平台开展线上协同法制审核。市、县两级依托综合执法部门设立案审中心，基层以中心乡镇（街道）司法所为基础，整合法制审核力量，成立依法治理办公室。进一步推进市级指导县级重大疑难案件审核、县级审核一般案件、乡镇（街道）审核简易案件，加大力度探索跨区域法制审核机制。要加强线上法制联审应用开发，形成市、县、乡三级全流程在线审核体系，做到执法信息线上流转、执法任务线上派单、执法过程线上记录、执法案件线上办理、执法结果线上反馈、执法档案线上留存，切实解决随着执法事项赋权量增多带来的基层法制审核能力薄弱问题。要进一步探索县级部门兜底乡镇（街道）的审核机制，推动执法办案质量县乡一体同责。

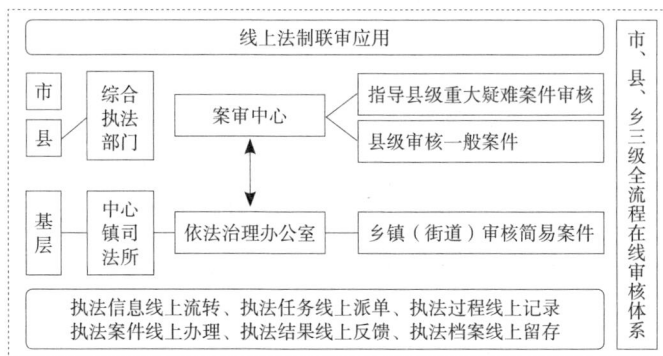

图 7 "大综合一体化"重点任务三级全流程审核体系图

三、实现有效协同联动响应

进一步强化综合执法部门与专业执法部门协调联动，通过系统构建并逐步完善"1+1+7+32"制度体系（1 张思维导图、1 本口袋手册、7 个指导意见、

32个专项制度），更加明晰地厘清监管执法边界，固化联合执法流程，打通争议协调的有效解决路径。要更明确监管主体、范围、标准，打造"行政审批—监管执法—监督评价"的全流程大执法闭环，形成发现、交办、处置、反馈、考核评价的工作链责任链，实现跨部门、跨层级、跨区域联动响应。对同一监管对象涉及多个执法主体的事项可以按照一件事进行集成，推动综合监管，避免重复检查。全面梳理涉及同一类对象或事项有多个监管主体、需要系统执法的群众关注热点、行业治理难点、中心工作重点、部门监管盲点，形成"综合查一次"检查场景清单。要严格落实"双随机、一公开"抽查监管要求，规范划转赋权领域和高频协同事项的"综合查一次"执法检查，科学制定检查计划，优化检查内容，实现"进一次门、查多项事、一次到位"，切实减少重复执法和执法扰企扰民，优化法治化营商环境，提升人民群众满意度。充分运用大数据、人工智能等技术，对信访投诉、日常检查、网格管理、行政处罚等执法监管相关数据进行分析研判，实施风险隐患预警，根据实际动态调整"综合查一次"检查场景清单。

四、抓好"一件事"集成联办

针对审批、监管、执法权责边界不清、效率低下等问题，梳理形成监管执法、矛盾纠纷化解、安全风险防控等共性"一件事"，重点抓好"农民建房""三小一摊""疫情防控"等"一件事"场景处理，做到事中事后执法监管和事前服务无缝衔接，实现事项全流程闭环处置，执法力量下沉、检查关口前移，问题发现早、苗头制止早，行政执法矛盾处置越来越少，苗头隐患问题处理越来越多，提升行政监管执法效率，从而实现"三升三降"，即群众满意度明显上升，市民急难愁盼问题下降30%；企业可感度明显上升，平均迎检时间下降至1~2天；政府公信度明显上升，执法领域信访投诉率下降40%。

第四节　统筹执法规范，持续推动刚柔并济执法

一、健全执法依据

按照"法无授权不可为、法定职责必须为"的原则依法执法，切实维护执法的权威。在《浙江省综合行政执法条例》《试点工作方案》《浙江省行政执法评议办法（试行）》等法规和文件基础上，进一步制定《关于明确市级、"两城""两区"综合行政执法职责边界的指导意见（试行）》《关于深化全市乡镇（街道）"一支队伍管执法"改革的实施意见》《衢州市乡镇（街道）行政执法程序规范（试行）》《衢州市综合行政执法装备配备指导意见（试行）》《衢州市行政执法人员培训指导意见（试行）》等规范文件，全面严格落实行政执法"三项制度"、行政执法责任制和问责制、行政处罚裁量基准、执法人员持证上岗等制度，确保执行行政执法公示、执法全过程记录、重大行政执法决定法制审核，统一执法文书、制定办案指引。坚持"立、改、废"并举，对滞后于改革要求的地方性法规、规章、行政规范性文件，及时推动清理、修改和废止。

二、完善机制体系

市、县、乡政府承担统筹行政执法活动的主体责任，落实市、县行政执法统一协调指挥机构职能，健全行政执法统筹协调指挥机制，全面建立行政执法统一指挥平台，并与"基层治理四平台"联动贯通，统筹、协调、指挥、考核执法监管计划、执法检查、执法力量、执法协作等执法活动，推动一体化执法，构建市域、县域行政执法综合体。除特殊行业、重点领域外，应当按照规定随机抽取检查对象、随机选派检查人员，抽查情况及查处结果及时向社会公开。要健全行政执法裁量基准制度，进一步细化量化裁量范围、种类和幅度，将裁量基准运用情况纳入法制审核范围，建立裁量依据使用及说明理由制度。要建设行政执法与刑事司法数字化衔接平台，健全行政处罚案件移送标准和程序、案情通报、信息共享等行刑衔接机制。开发线上法制联

审应用，形成应用＋市、县、乡三级全流程在线审核指导服务体系。

三、刚柔并济执法

人民群众的满意是执法的基本出发点，准确把握社会心态和群众情绪，能够更好地推行人性化执法、柔性执法、阳光执法。衢州市"大综合一体化"行政执法改革过程中，更多地将处罚与教育相结合，制定《衢州市综合行政执法局轻微违法行为不予处罚清单》，在餐厨垃圾处置单位未按要求报送资料、农产品生产销售包装缺失、不按照规定报送年度取消水情况等事项上施行轻微违法行为或初次违法行为不予处罚，通过签署承诺书、责令改正、说服教育、告诫约谈等措施，引导当事人自觉守法，促进当事人主动整改，并对新经济、新业态、新模式探索实施包容审慎监管，实现行政执法的法律效果和社会效果相统一。同时，对于涉及人民生命安全、社会关注度高、关系群众切身利益的重点领域，则实行全主体、全品种、全链条的严格监管，落实监管责任，把好每一通关口。在全省率先出台《综合行政执法专项监督指标细则（试行）》，将疫苗、食品药品、危化品、生态环境等重点领域执法情况纳入重点监督范畴，严禁一罚了之，以罚代管、罚而不治，保障重点领域经营管理规范安全。

第五节　统筹执法保障，聚焦增强行政执法能力

一、构建数字智能平台

行政执法机关应当全面运用数字化执法平台开展执法活动，推行非现场执法、掌上执法、移动执法，提高证据采集核查、执法文书送达、信息提示、告知申辩、网上听证及其他执法业务的自动化智能化水平，并确保执法数据符合标准要求。坚持"权力规则化、规则数字化、数字智能化"，推进综合监管执法事项100%上平台，集成检查、处罚，行刑衔接、复议、诉讼、监督等执法全流程要素，构建执法监管一体化数字平台，实现行政检查和处罚

办案全程网办、自动留痕。要探索建设网上证据库，推进跨部门数据共享、证据互认。充分运用大数据、物联网、云计算、人工智能等技术，构建无人机自动巡检、智能抓拍推送的智能巡查网络，通过全市事件中枢进行自动分派并汇集处置情况。要对照"一图四表八机制"，落实乡镇（街道）党政碰头会商，县级行政执法部门与乡镇（街道）案件移送、信息共享等衔接机制，健全制度保障。

二、强化执法装备保障

市综合执法指导办负责制订执法装备的配备规划，统一指导并定期督查全市综合执法装备配备，考核装备配备工作。市县综合执法机构按照规划落实。要按照"四有六化"标准，积极对上争取资金支持，合理利用财政资金，有计划、分批次配置执法装备，[①]强化执法车辆、装备、场所等保障，统一着装、标志标识，升级现有执法记录仪等数字化单兵装备，逐步配备远程执法和移动执法终端，视频监控和无人机等现代科技装备，强化执法队伍规范化建设。要保障综合执法装备配备经费纳入统计财政部门预算，结合执法工作需要和经济发展水平，不断加大投入力度，确保执法装备配备到位。要建立健全执法装备管理的规章制度，并做好执法装备资料的建档工作，实行动态管理，做到合理使用、妥善保管、专人维护。

三、发挥各类法制力量

要建立建强公职律师队伍，健全完善公职律师工作制度，采取激励措施鼓励年轻干部、业务骨干积极参加法律职业资格考试并申领公职律师证；组建由各行政执法事项划出部门法制审核人员、专业人员共同参与的法制人员库；落实政府法律顾问制度，聘请法律顾问（专业人员）、政府购买法律服务或者相互补充等方式，发挥各类法制力量，加强服务支撑。要建立以人大、纪委监委、法院、检察院、司法等部门专业人士和省市相关专家学者组成的

---

① 沈建军、王京星、李雯瑶：《深化综合行政执法体制改革的乐山实践及对策建议》，《中共乐山市委党校学报》，2022年第2期。

专家库，为基层执法工作把脉开方；利用执法队内部法制员、司法所、法律专家顾问团和上级部门法制力量审核把关指导作用；运用联合审查机制、委托第三方审核、运用信息化手段审核等形式，建立全流程法制审核制度。各级案件审核中心要根据案件涉及领域召集相关人员进行会商，提升案件办理质量。行政执法辅助人员经培训考试合格后，可以在行政执法机关及其行政执法人员的指挥和监督下，配合从事宣传教育、信息采集、接收或者受理申请、参与调查巡查、劝阻违法行为、送达文书、后勤保障等工作。

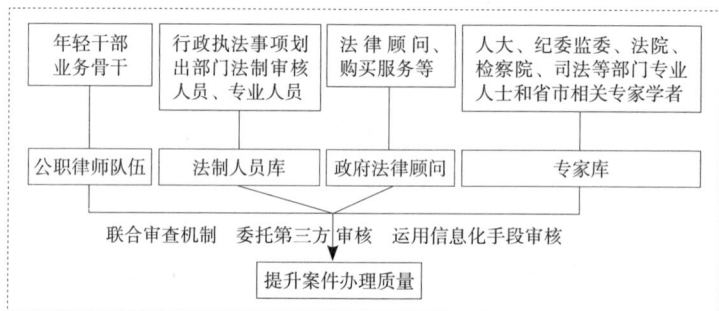

图 8　"大综合一体化"重点任务各类法制力量联合审查图

四、分级分类抓好培训

根据执法职责、工作要求和执法人员情况，有针对性地开展执法人员培训和执法业务内部交流。落实分级分类培训制度，市综合执法指导办组织开展全市性较大规模的骨干培训、轮训及新法律、法规、规章的培训，组织专家讲师团进行巡回讲授和辅导，加大对基层培训工作的督促检查指导力度。县级制定年度培训计划，常态化开展培训，保障执法的专业性和规范性。业务主管部门及时回应业务指导需求，实现市县综合执法业务培训领域、人员培训覆盖率 100%。镇级坚决落实培训要求，督促行政执法队员熟练掌握执法各项技能，促进实际操作能力和执法水平的提高。坚持集中培训与日常岗位培训相结合，及时组织法律法规及综合执法技能等方面培训，不断提升执法人员的思想政治素质和业务能力水平，服务和保障综合执法工作开展。

第六节 统筹执法监督，着力确保依法依规行权

一、建立制约监督体系

以国家"互联网＋监管"系统监督管理事项目录清单为基础，制定监督管理事项目录，明确事项的职责主体、对象、措施及设定依据、执法方式等内容。建设市、县、乡三级全覆盖的行政执法协调监督工作体系，实现全方位、全流程监督，提高执法质量。按照"谁审批、谁监管"和"处罚事项划转、监管责任不减"的原则，构建"审批—监管—处罚—监督评价"和"检查—调查—处罚决定—权利救济（复议诉讼）"的全流程闭环，推进事前事中监管与事后处罚无缝衔接，组织开展乡镇（街道）法治化综合改革试点，推进基层法制审核全覆盖。建立健全行政执法评议制度及指标体系，运用网络技术开展执法制度、监管履职、执法质量、队伍建设、执法绩效等全方位评议；积极发挥行政复议纠错、行政诉讼监督功能，促进行政执法更加严格规范公正文明。依托行政执法平台，植入纪检监察模块，构建监督预警模型，避免出现"执法断链、监管真空、权力滥用"等问题；同步打造人大、纪委监委、行政、司法、舆论、群众"六位一体"执法监督机制，打通监管与执法"双向监督、同向发力"通道。

二、四级贯通统筹监管

创新智能监管模式，推动监管支撑技术从电子信息化管理向融合运用云计算、区块链、人工智能、物联网等前沿技术转变。推进监管事项应进尽进，系统应用尽用，所有有检查事项的部门在2022年底100%入驻，掌上执法率超过90%，实现行政检查和处罚办案全程网办、自动留痕。强化数字赋能，构建市、县、乡、村四级贯通的一体化监管网络，开展掌上端亮证执法（电子执法证），建立电子执法档案，统一归集执法主体、执法人员、执法活动信息，并加强对不执法、乱执法、不协助执法等行为的数字化监管，推动执法更加严格规范公正文明。市、县层面，高标准建设市、县指挥中心，完善

指挥调度、管罚衔接、分析研判、执法监督、执法预警等机制，实现行为一屏监督、指令一键下达、问题远程研判、案件线上流转、数据实时反馈，形成"审批、运行、监管、执法、监督"全链条分析、决策、治理闭环，加强对执法监管数据的统计、分析、预警、研判。乡镇（街道）层面，建优乡镇（街道）综合信息指挥室，用好"基层治理综合信息平台"及"掌上指挥"应用，做实信息"收集上报、流转交办、反馈督办"闭环流转机制；村社层面，建强全科网格，升级组团联村、"两委"联格、党员联户"三联工程"，大力推行"微事快办""报办分离"等机制，提高网格监管效率。

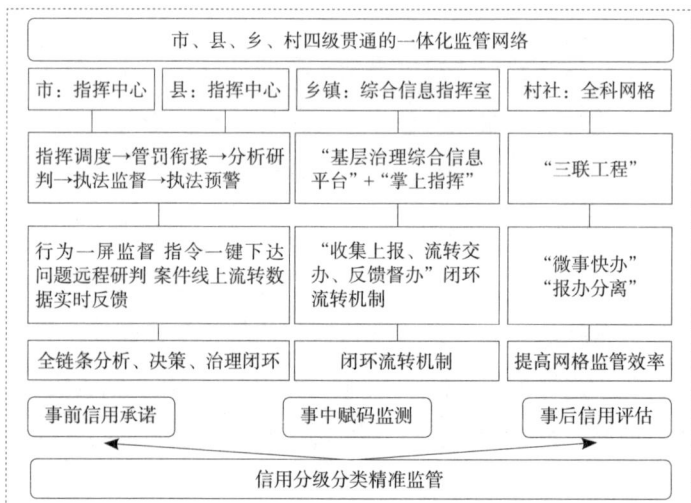

图9 "大综合一体化"重点任务四级贯通的一体化精准监管图

三、推进信用监管机制

推进公共信用信息平台与行政执法监管平台、"基层治理四平台"更好地衔接和协同，全面落实"双随机、一公开"监管与信用等级相结合的分级分类差异化监管措施，形成以信用为基础的精准监管机制。充分运用大数据信用监管新手段，动态归集各类信用数据，大胆探索事前信用承诺、事中分类监管、事后联动奖惩的联链式的信用监管新模式，实施信用分级分类精准监管，实现信用监管闭环，推进行政执法效能全面画像。加强监管信息归集共享，将政府履职过程中形成的行政检查、行政处罚、行政强制等执法信息关联整合，转化为信用指标，纳入政府公共信用评价体系。针对信用监管机制不完善、市场主体信息不透明、信用等级不准确等问题，运用"企业四色管理"，实现事前信用承诺、事中赋码监测、事后信用评估的全过程分级分类闭环信用管理，构建以信用为基础的新型监管机制。执法人员通过掌上执法应用，实时查看企业信息和信用等级，执法检查结果纳入信用评级体系，为守法主体在投资项目审批、不动产登记等线上审批系统提供便利。要迭代升级"政企通"涉企服务综合平台，保障全市 70 个以上行业领域，为诚信企业提供政策资金及时兑现，推进守信激励机制落地。

第四章　改革的法治保障

第一节　新《行政处罚法》确保基层改革有法可依

纵观改革开放四十多年来我国政府体制机制改革的历程，主要有"摸着石头过河"探索式改革与以"顶层设计"为特征目标式改革两种不同的类型，且逐步从探索式改革向"目标式改革"过渡。2013 年 11 月 12 日，习近平总书记在中共十八届三中全会第二次全体会议上的讲话中指出，"凡属重大改革要于法有据，需要修改法律的可以先修改法律，先立后破，有序进行。有的重要改革举措，需要得到法律授权的，要按法律程序进行"。[①] 其后，全国人大常委会通过立法性决定的方式授权改革先行先试的实践，推动了行政审批改革、自贸试验区、土地管理改革、刑事案件速裁试点等 17 项重大改革事项和 25 个授权决定，授权范围从行政管理领域逐渐延伸至司法改革、国家机构改革等领域，授权法律层级从法律向下延伸至行政法规和地方性法规，向上触及宪制改革。[②] 党中央的决议和全国人大立法实践为基层改革提供了基本遵循和范本。行政执法体制改革同样是先由党中央做出顶层设计，立法机构通过修改法律等方式确保改革依法进行。

党的十八届三中全会审议通过的《中共中央关于全面深化改革若干重大问题的决定》提出了"深化行政执法体制改革"任务，要求"整合执法主体，相对集中执法权，推进综合执法，着力解决权责交叉、多头执法问题，建立权责统一、权威高效的行政执法体制"；并要求"减少行政执法层级，加强

[①]　中央文献研究室：《习近平关于全面依法治国论述摘编》，中央文献出版社2015年版。

[②]　沈岿：《论宪制改革试验的授权主体——以监察体制改革试点为分析样本》，《当代法学》，2017 年第4期。

食品药品、安全生产、环境保护、劳动保障、海域海岛等重点领域基层执法力量"。① 党的十八届四中全会审议通过的《中共中央关于全面推进依法治国若干重大问题的决定》对行政执法体制改革做了再部署，要求"根据不同层级政府的事权和职能，按照减少层次、整合队伍、提高效率的原则，合理配置执法力量"，并要求"推进综合执法，大幅减少市、县两级政府执法队伍种类，有条件的领域可以推行跨部门综合执法"。② 以党的全会形式通过的决定为行政执法体制改革做了充分的顶层设计，为整个改革指明了方向。

2019 年 1 月 31 日，中国共产党中央委员会办公厅、中华人民共和国国务院办公厅联合印发《关于推进基层整合审批服务执法力量的实施意见》进一步细化了基层行政执法体制改革相关规定，要求"推进行政执法权限和力量向基层延伸和下沉，强化乡镇和街道的统一指挥和统筹协调职责。整合现有站所、分局执法力量和资源，组建统一的综合行政执法机构，按照有关法律规定相对集中行使行政处罚权，以乡镇和街道名义开展执法工作，并接受有关县级主管部门的业务指导和监督，逐步实现基层一支队伍管执法"。③ "一支队伍管执法"理念的提出为大综合一体化改革提供了政策依据。

行政执法体制改革涉及的法律问题主要是相对集中行政处罚权。《中华人民共和国行政处罚法》（1996）就对相对集中行政处罚权的行使进行了探索。《中华人民共和国行政处罚法》（1996）第十六条规定："国务院或者经国务院授权的省、自治区、直辖市人民政府可以决定一个行政机关行使有关行政机关的行政处罚权。"该条款明确了行政处罚权的具体行使可以在行政机关内部进行调整，首次以法律形式对相对集中行政处罚权制度进行探索，为后续的改革奠定了基础。

但随着行政执法体制改革的推进，如何推动执法力量下沉，将行政处罚权下放到基层一线成为最大的难题。《中华人民共和国行政处罚法》（1996）第二十条规定："行政处罚由违法行为发生地的县级以上地方人民政府具有

---

① 2013年11月15日中国政府网，http://www.gov.cn/jrzg/2013-11/15/content_2528179.htm。

② 2014年10月28日中国政府网，http://www.gov.cn/zhengce/2014-10/28/content_2771946.htm。

③ 2019年1月31日中国政府网，http://www.gov.cn/zhengce/2019-01/31/content_5362843.htm。

行政处罚权的行政机关管辖。"该条款明确了县级部门的执法权限，但在实际执法过程中，执法事项、执法任务主要集中在乡镇（街道），这与执法力量主要分布在县级以上执法机构存在较大差距，直接导致了"看得见的管不到、管得到的看不见"的悬浮执法和执法空白问题。为解决乡镇（街道）执法权问题，一些地方利用《中华人民共和国行政处罚法》（1996）第十八条相关规定，将行政处罚权以委托方式下放到乡镇，由于处罚权资格主体和责任主体并未转移，因此委托方式严格意义上不应视为行政处罚权下放，而仅仅是执法事项下移。

为顺应改革需要，按照"凡属重大改革要于法有据"要求，2021年全国人大对实施了二十五年的《行政处罚法》进行了全面修订，其中多项规定回应了改革中的难题，为行政执法体制改革在基层推进提供了法律依据。

一、明确了综合行政执法制度

《中华人民共和国行政处罚法》（2021）在总结二十年相对集中行政处罚权改革经验的基础上，明确规定"国家在城市管理、市场监管、生态环境、文化市场、交通运输、应急管理、农业等领域推行建立综合行政执法制度，相对集中行政处罚权"。[1]综合行政执法正式从政策层面上升为国家法律层面，取代了原先的相对集中行政处罚权制度，具有更强的稳定性。综合行政执法制度的核心是行政执法机构的综合和行政处罚权的集中，正式产生了综合行政执法机关这一新型的行政处罚实施主体，为基层运行多年的综合行政执法机构正名，也为基层综合执法体制改革的实践提供更大的操作空间。

二、进一步规范了行政处罚委托制度

相比较于《中华人民共和国行政处罚法》（1996），新的《行政处罚法》关于委托的规定更加规范。《中华人民共和国行政处罚法》（2021）第二十条第一款、第二款规定："行政机关依照法律、法规、规章的规定，可以在

---

① 2021年1月22日中国人大网，http://www.npc.gov.cn/npc/c30834/202101/49b50d96743946bda545ef0c3 33830b4.shtml?ivk_sa=1024320u。

其法定权限内书面委托符合本法第二十一条规定条件的组织实施行政处罚。行政机关不得委托其他组织或者个人实施行政处罚。""委托书应当载明委托的具体事项、权限、期限等内容。委托行政机关和受委托组织应当将委托书向社会公布。"[①] 从法律条文看，委托制度取得新的发展。一是行政处罚权委托应当依法进行，应当有法律、法规和规章作为依据。没有法律依据，委托机关和受托组织要承担相应的法律责任。二是行政处罚权的委托应当采取书面形式，需要签订委托书，并且要求委托行政机关和受委托组织应当将委托书向社会公布，接受社会和群众监督。三是行政处罚权委托还应当为专项委托，需要载明委托的具体事项、权限，并且还有期限规定，不能一托了之。四是对委托组织具体执法人员有了新规定。第二十一条规定："受委托组织有熟悉有关法律、法规、规章和业务并取得行政执法资格的工作人员。"这些委托上制度的规范既为综合行政执法改革向乡镇（街道）延伸提供了依据，也对基层改革提供了制度规范，杜绝了非法委托、无序委托。

三、明确了乡镇（街道）的行政处罚权

《中华人民共和国行政处罚法》（2021）第二十四条第一款、第二款规定："省、自治区、直辖市根据当地实际情况，可以决定将基层管理迫切需要的县级人民政府部门的行政处罚权交由能够有效承接的乡镇人民政府、街道办事处行使，并定期组织评估。决定应当公布。"

"承接行政处罚权的乡镇人民政府、街道办事处应当加强执法能力建设，按照规定范围、依照法定程序实施行政处罚。"长期以来，行政处罚权主要集中在县级以上部门，乡镇（街道）主要作为受委托组织开展行政处罚工作。党的十八大以后，基层的改革实践对乡镇（街道）行政执法权有了更大需求，将部分行政处罚权赋予乡镇（街道），由乡镇（街道）综合执法成为共识。新法第二十四条为乡镇（街道）综合行政执法制度改革提供了直接法律依据。同时，该条款相关规定将行政处罚权下放做出了严格限定，主要是基层管理

---

① 2021年1月22日中国人大网，http://www.npc.gov.cn/npc/c30834/202101/49b50d96743946bda545ef0c333830b4.shtml?ivk_sa=1024320u。

迫切需要的行政处罚权，而不是所有的行政处罚权；行政处罚权的依据是单行法律，而不是直接引用行政处罚法，并且需要行政处罚承接主体加强执法能力建设。

《行政处罚法》的修订为基层综合行政执法制度改革提供了法律依据，使得浙江大综合一体化执法改革于法有据，特别是综合行政执法制度、委托制度和明确乡镇（街道）行政处罚权相关规定，还为"大综合一体化"改革规范进行提供了法律支撑。

第二节　《综合行政执法条例》为改革奠定蓝本

浙江省作为改革开放前沿，在综合行政执法领域的探索也较为丰富。2000年，经国务院批准，浙江省杭州市率先开展相对集中行政处罚权试点工作，集中行使环境保护、工商行政、公安交通管理、市容环境卫生、城市绿化、城市规划、市政方面全部或部分行政处罚权，被称为"7+X"。2008年，浙江省人大常委会通过全国第一部规范相对集中行政处罚权制度的地方性法规《浙江省城市管理相对集中行政处罚权条例》（已废止），明确全省行政区域内实施城市管理相对集中行政处罚权工作。

2014年，浙江省人民政府办公厅印发了《浙江省人民政府办公厅关于在嘉兴市、舟山市全面开展综合行政执法试点工作的通知》，意味着在城市管理相对集中行政处罚权工作基础上，浙江进一步横向扩大综合执法领域，纵向向镇（街道）基层延伸综合执法范围，构建城乡一体化的综合行政执法体制。2015年，浙江省被中央编办列为全域推行综合行政执法改革试点省份，将市容环境卫生、城乡规划、城市绿化等21个方面的全部或部分执法事项纳入综合行政执法。同年2月，浙江省人民政府印发《关于深化行政执法体制改革全面推进综合行政执法的意见》，整合相关执法机构和职责，组建综合行政执法局，作为同级政府工作部门，依法独立行使有关行政执法职权，并承担相应法律责任。

2019年6月22日，浙江省委办公厅、省政府办公厅印发《关于深化综合行政执法改革的实施意见》，提出综合行政执法改革的工作目标为到 2020 年底，全面构建行政执法力量配备与事权划分相匹配的组织体系，基本建立分工合理、职责清晰、协同高效的"综合行政执法＋部门专业执法＋联合执法"执法体系。2020 年 6 月 5 日，省政府办公厅印发《关于公布浙江省综合行政执法事项统一目录的通知》。目录分为"两张清单"，即纳入综合行政执法的行政处罚事项清单以及对应的职责边界清单。

2020 年 8 月，时任浙江省省长袁家军在全省法治政府建设暨综合行政执法改革推进会上，首次提出"大综合一体化"概念。2021 年 3 月 18 日，省委深改委第 13 次会议进一步明确"大综合一体化"行政执法改革思路和方向。时任省委书记、省委全面深化改革委员会主任袁家军指出，"大综合一体化"行政执法改革是法治浙江建设在新发展阶段的新目标新任务，也是法治化改革的重要抓手。

2021 年 7 月 15 日，全省"大综合一体化"行政执法改革推进会在嘉善召开。会议明确综合行政执法部门作为综合行政执法改革的牵头部门，可加挂综合行政执法指导办公室牌子，配强人员力量。要坚持"一张清单管理"，"一支队伍管执法"，"一体化联动"，集成"监管一件事"，推行"综合查一次"，坚持"一平台统管"和"一流战队标准"。2021 年 8 月 16 日，省政府办公厅印发《关于推进乡镇（街道）综合行政执法工作的通知》。各地要根据乡镇（街道）发展水平和差异化特色化实际，因地制宜、实事求是采取赋权或派驻执法队伍等方式实施乡镇（街道）综合行政执法，并充分运用数字化手段加强联合执法、协同执法，完善执法机制和规范，实现乡镇（街道）"一支队伍管执法"。2021 年 8 月 18 日，浙江省综合行政执法改革工作协调小组印发《浙江省"大综合一体化"行政执法改革行动计划（2021—2022年）》。2022 年 3 月 1 日，《浙江省加快推进"大综合一体化"行政执法改革试点工作方案》获中央批复同意。2022 年 3 月 3 日，浙江省政府办公厅印发《浙江省人民政府关于各设区市"大综合一体化"行政执法改革方案的批复》。探索实行更大范围跨部门、跨领域综合行政执法，以更大力度整合精简执法队伍，进一步下沉执法权限和力量，稳妥推进乡镇（街道）"一支队伍管执法"。

2022 年 7 月 14 日，浙江省"大综合一体化"行政执法改革暨深化基层管理体制改革推进现场会在衢州召开。按照浙江省第十五次党代会报告提出的"纵深推进'大综合一体化'行政执法改革"要求，将进一步增强纵深推进"大综合一体化"行政执法改革的责任感使命感，以系统重塑推动改革提质增效，突出党建统领加快重塑组织体系，突出清单管理加快重塑权责体系，突出力量统筹加快重塑队伍体系，突出数字赋能加快重塑智治体系，突出协同高效加快重塑运行体系，合力推动改革各项目标任务落实落细，加快取得更多突破性进展、实质性成果。

为配合省委提出的"大综合一体化"行政执法改革，根据最新修订的《行政处罚法》和《行政强制法》等有关法律、行政法规，浙江省人大常委会于 2021 年 11 月 25 日审议通过《浙江省综合行政执法条例》（以下简称《条例》），并明确从 2022 年 1 月 1 日起实施。《条例》作为地方性法规，总共分七章三十八条，较为详细地将浙江省在综合行政执法改革领域所取得的经验以法规形式予以固定，在吸收最新上位法依据基础，对基层改革实践做出了进一步规范，为大综合一体化改革提供了法律蓝本。

该《条例》树立了"大综合一体化"执法理念。《条例》第二条明确了综合行政执法的概念，指出整体政府理念，以数字化改革为牵引，通过优化配置执法职责、整合精简执法队伍、下沉执法权限和力量、创新执法方式，开展跨部门、跨区域、跨层级的行政执法活动。《条例》第四条、第十二条还明确设立省一级综合行政执法指导机构，并就设区的市、县（市、区）的综合行政执法指导机构具体职能进行明确。

该《条例》构建全省统一的数字化行政执法平台。《条例》统筹运用数字化思维、数字化技术，对行政执法进行全方位、系统性重塑，第五条、第二十三条明确了运用大数据、物联网、云计算、人工智能等技术，推动行政执法数据归集和共享、统计分析、预警研判、联动指挥和监督评议，创新智能行政执法模式，实现执法业务集成整合和执法流程优化统一。

该《条例》建立行政执法事项清单化管理目录。《条例》第七条明确了执法事项由省综合行政执法指导机构会同省有关部门制定省综合行政执法事项统一目录和乡镇（街道）综合行政执法事项指导目录。综合行政执法事项目录纳入监督管理事项目录清单管理。《条例》第八条规定了设区的市、县（市、区）人民政府可以根据本地实际，将专业领域的部分或者全部执法事项纳入综合行政执法范围，并对相关专业行政执法队伍进行归并整合。

该《条例》明确了乡镇（街道）综合行政执法的方式和途径。《条例》第九条规定设区的市、县（市、区）人民政府应当综合考虑乡镇、街道经济社会发展水平等因素，稳步推进本行政区域乡镇人民政府、街道办事处的综合行政执法工作。《条例》明确了县（市、区）人民政府可以在省人民政府批准的综合行政执法事项目录中，选择基层管理迫切需要且高频多发、易发现易处置、专业要求适宜的行政执法事项，依法交由能够有效承接的乡镇人民政府、街道办事处实施，并明确承接行政执法事项的乡镇人民政府、街道办事处，应当依法行使行政处罚权，并按照规定整合基层执法职责，组建统一的综合行政执法队伍。

该《条例》还就跨部门跨区域跨层级协同执法做出规定。《条例》第十三条通过综合查一次，推行联合执法制度，对同一监管对象涉及多个执法主体的事项可以按照一件事进行集成，推动综合监管，防止监管缺位，避免重复检查。《条例》第十四条明确县（市、区）综合行政执法指导机构可以提出联合执法的建议，明确发起和参与部门，协调开展联合执法行动。联合执法可以跨部门、跨区域、跨层级开展，有关参与部门应当按照规定予以配合。

该《条例》还就行政执法规范、行政执法保障、行政执法监督进行了规定。总体而言，该《条例》全面落实行政执法"三项制度"，严格落实行政执法责任制和问责制。健全行政执法裁量基准制度，建立裁量依据适用及说明理由制度。高频事项自由裁量基准细化率达到100%。推广实施轻微违法行为告知承诺制，推动各领域不予处罚事项清单具体化、标准化。

第三节　地方立法机构出台《决定》为改革保驾护航

2014 年以来，习近平总书记先后指出"研究改革方案和改革措施时，要同步考虑改革涉及的立法问题"，"在法治下推进改革，在改革中完善法治"；"坚持改革决策和立法决策相统一、相衔接，立法主动适应改革需要，积极发挥引导、推动、规范、保障改革的作用，做到重大改革于法有据，改革和法治同步推进，增强改革的穿透力"；[①]"改革和法治是两个轮子，这就是全面深化改革和全面依法治国的辩证关系"。[②]习近平总书记把全面深化改革与全面依法治国作为两大战略举措纳入"四个全面"战略布局，并形象地将其比喻为"车之两轮""鸟之两翼"。按照党中央要求，2015 年《立法法》做出了重大修改，重要一条就是赋予设区的市地方人大立法权。该法第七十二条第二款规定："设区的市的人民代表大会及其常务委员会根据本市的具体情况和实际需要，在不同宪法、法律、行政法规和本省、自治区的地方性法规相抵触的前提下，可以对城乡建设与管理、环境保护、历史文化保护等方面的事项制定地方性法规，法律对设区的市制定地方性法规的事项另有规定的，从其规定。"与此同时，《中华人民共和国地方各级人民代表大会和地方各级人民政府组织法》为适应改革需要，也于 2015 年和 2022 年两次进行了修订，对设区的市地方人大立法权进行了进一步的明确。

衢州市人大常委会按照"重大改革于法有据，改革和法治同步推进"的要求，及时将地方党委改革试点纳入立法范围，并行使重大事项决定权于 2022 年 7 月 25 日审议通过了《关于加快推进"大综合一体化"行政执法改革工作的决定》（以下简称《决定》）。该《决定》充分吸收《中华人民共和国行政处罚法》《中华人民共和国行政强制法》《浙江省综合行政执法条例》等法律法规最新精神，立足衢州实际，聚焦省"五大体系＋数字应用"重点任务，系统性塑造"1+5"行政执法体系，提出将"大综合一体化"改革打

---

① 中央文献研究室：《习近平关于全面依法治国论述摘编》，中央文献出版社 2015 年版。
② 《〈中共中央关于深化党和国家机构改革的决定〉〈深化党和国家机构改革方案〉辅导读本》，人民出版社 2018 年版。

造成为具有衢州辨识度的改革成果。

该《决定》指出，要坚持党的领导，强化"四个意识"，自觉站在全面依法治国、促进国家治理体系和治理能力现代化以及建设法治浙江的高度，深刻学习领会中央决策部署、全国人大常委会和省人大常委会立法精神，充分认识"大综合一体化"行政执法改革的重要意义，统一思想、凝聚共识，大力支持和配合"大综合一体化"行政执法改革工作，加快形成权责统一、权威高效的"大综合一体化"行政执法新格局。

该《决定》要求，要始终把"大综合一体化"行政执法改革摆在重要位置，推动"事权下放、力量下沉、执法综合、监管融合"，实现行政执法"瘦身、强体、提质、增效"。要合理配置执法资源，精简部门专业执法队伍，下沉行政执法力量，构建"金字塔型"力量布局。要加大行政执法投入，完善执法保障，建立健全全覆盖精准化的培训体系，不断提高执法专业能力，建设一支职业化、专业化、规范化的高素质行政执法队伍。要建立"执法目录总清单＋综合执法清单＋专业执法清单"三张清单，整合高频率、高需求、高综合等事项，实现以综合执法事项为主的"橄榄型"事权集中配置结构。

该《决定》强调，各级行政执法机关要切实增强规范执法的意识，全面、依法、及时履行职责。要落实行政执法公示制度、行政执法全过程记录制度、重大执法决定法制审核制度"三项制度"，遵守法定执法程序。健全行政执法裁量权基准制度，进一步细化量化裁量范围、种类和幅度，高频事项自由裁量基准细化率全覆盖。建立行政执法评议机制，组织开展执法工作评议，推进严格规范、公正文明执法。建立健全市、县、乡三级案件分层分类审核机制，为基层法制审核提供业务支撑。要开展赋权乡镇（街道）行政执法案卷评查，提升案件办理质量。

该《决定》明确，各级执法机关要优化执法方式，不断提高市场主体和人民群众获得感。各级行政执法机关要推动公平公正执法监管，促进整体法治营商环境明显改善，社会守法度显著提高。要创新柔性执法方式，通过教育与处罚相结合的方式，探索实施违法行为改正管理机制；推广包容审慎执法监管清单制度，依法依规分级制定不予处罚清单、减轻处罚清单、从轻处罚清单和免予强制清单"四张清单",切实提高执法温度。改进刚性执法手段,对涉及人民生命安全、社会关注度高、关系群众切身利益的重点领域,加大执法力度。

该《决定》还就联合执法、数字化智能执法、执法监督等方面吸收了《浙江省综合行政执法条例》和地方实践中的成果,并强调要加强宣传教育,积极营造浓厚的改革氛围。

衢州市人大常委会还根据《中华人民共和国地方各级人民代表大会和地方各级人民政府组织法》第五十条第七款规定,组织力量对《浙江省综合行政执法条例》在市域内的执行情况进行执法检查。在执法检查过程中,衢州市人大常委会向政府部门反馈了三大问题,直指"大综合一体化"改革过程存在的缺陷。

一、基层执法队伍建设还需提升

一些乡镇(街道)执法队机构成立了,牌子挂起来了,但实际开展执法办案较少,仍存在调查取证不规范、执法业务不熟悉、案件审核不专业等问题。特别是乡镇执法队员流动性大、业务工作点多面广,法制审核人员短缺,案件办理的能力水平有待提高。派驻部门与属地乡镇考评标准不同,虽然派驻人员纳入乡镇四维考评,但考评结果仅作为部门发放奖金和给予职级晋升的参考条件,考核实效性欠佳,派驻人员共同感和归属感不强,影响日常管理。部分基层执法人员年龄偏老化,对"大综合一体化"数字执法平台操作不熟悉,无法独立完成线上工作,影响工作效率。

二、基层专业执法能力尚有不足

"大综合一体化"改革需要下放的执法事项多,牵扯面广,需要对多种法律法规有初步了解才能更好把握与判断,而基层业务培训力量普遍较差,自行组织力量不足,只能开展基础培训,无法起到应有的培训效果。部分部门下放事项尚未充分开展相关业务培训,导致执法队员法律法规理解不到位,行政处罚裁量基准较难把握。部分执法人员对划转事项执法准备不充分,对办案程序要求不熟悉，特别是对涉及农林水等专业领域的执法事项不够了解、业务能力欠缺，乡镇执法队员在案件办理方面需要依靠部门派驻人员指导进行，存在业务短板等现实困难，影响监管成效和案件处置效率。基层法制审核能力欠缺。法律专业人才尤其缺乏，客观上导致各赋权乡镇（街道）法制审核、合法性审查人员在实践中还不能固定，有时为司法所工作人员，有时为执法队确定的法制员，而法制员同时是执法队成员，存在既当"运动员"又当"裁判员"的情形。

三、部分执法事项承接有待加强

部分部门派驻人员虽下沉乡镇，工作内容和范围以乡镇为主，但执法类型和权限仍然受限于上级执法部门，如人行道违停、犬类管理等乡镇（街道）急需的事项仍然存在"看得见、管不着"的问题。部分执法事项尚未明确清晰的职责边界，如执法部门和监管部门之间对于监管职责、案件移送、协同配合等细则还存一些争议，需在下一步实际工作中加强沟通协作。部分事项下放后，专业执法区域尚未完全打通，影响派驻人员参与积极性，导致下放给乡镇的部分工作存在脱节现象。安全生产、交通运输、环境保护、农产品质量安全、食品药品安全、医疗卫生、房地产、地方金融等重点领域监管职责落实，仍存在部分短板。

为进一步依法推动衢州市"大综合一体化"改革，加快形成权责统一、权威高效的综合行政执法新的格局，充分展现"党中央有部署、省委有要求，衢州率先行动见成效"的政治担当，衢州市人大常委会依法履职向当地政府提出了三条监督建议。

（一）深化系统改革，加快完成行政执法体系构建

进一步整合优化执法人员、事项、权限配置，全面完成全省首个"1+5"行政执法体系构建，为基层赋能减负。要增强基层执法力量配置。围绕赋能乡镇（街道），以基层需求为导向，落实派驻人员管理机制，统筹人员经费和人事管理权限下沉；优化执法队伍年龄结构，增强执法队伍生机活力；增

加法律专业人员配备，提高执法质量和效能。要优化基层执法事项分配。借助"执法目录总清单＋综合执法清单＋专业执法清单"三张清单和事项认领争议协调机制，优化调整部门和乡镇事项分配，加快形成以综合执法事项为主的"橄榄型"事权集中配置结构，有效解决基层"看得见管不着"难题。要进一步厘清执法监管职责边界。根据执法实践不断修改完善制度机制，利用座谈分析会、司法解释协助等方式解决执法监管职责边界争议。避免因执法监管不力、互相推诿扯皮造成"监管空白地带"产生履职不力现象，引发重大法治事件或群体性事件，带来负面社会影响，并协同全市一体推进法治政府建设。

（二）打通堵点难点，全力推动执法监管一体融合

全力破解执法协同"三难"，实现执法监管"一体化"深度融合。要协同化破解执法案件"审核难"。针对执法事项赋权量增多后，基层法制审核能力薄弱问题日益突出，要完善市、县、乡三级案审机制，加快形成市级指导县级重大疑难案件审核、县级审核一般案件、乡镇审核简易案件的工作格局，实现分层分类覆盖。同时，加强专业法制力量配备和线上法制联审应用。要制度化破解执法过程"协同难"。针对"1+5"改革后"重执法、轻监管"问题，要建立完善执法监管协同配合机制、执法争议解决模式，精简执法计划、执法活动，增强执法协同、执法效能，着力解决多头、交叉、重叠检查问题，做到"进一次门、查多件事、一次到位"。要精准化破解行政执法"监督难"。为避免出现"执法断链、监管真空、权力滥用"等问题，依托现有的行政执法平台，建立纪检监察模块，构建监督预警模型，全力推动行政执法公权力监督，打通监管与执法"双向监督、同向发力"通道。

（三）加强数字赋能，切实提升执法改革实战实效

坚持走"权力规则化、规则数字化、数字智能化"路子，融入数字化改革大潮，以数字赋能提升实战实效，确保基层执法"接得住、管得好"。要推进"市域治理中心"建设，提升执法监管效能。以城市综合管理服务平台为基础，打造市域一体、行业集成、多维融合的"市域治理中心"，推进执

法监管事项全上平台、执法协同指挥全屏掌控、行政执法效能全面画像。同时，建议省里在下步工作中明确"市域治理中心"建设标准和要求，为实现"多中心向一中心、局部监管向全域监管、各自为战向整体作战"三个转变奠定基础。要开发重点领域监管应用，提高精准智治水平。对人民生命安全、金融安全、社会关注度高、关系群众切身利益的重点领域，依托现有执法平台，开发重点领域监管应用，实现实时线上监管，推动重点监管内容数字化、智能化、精准化管理，将风险辨识与智能管控落实到执法监管全过程、各环节。要开展线上业务培训，增强基层执法能力。探索在执法平台上开设执法业务培训专栏，系统集成全国1800余部行政法规、全省500多万个处罚案例的法律知识库以及各类专业执法业务指南等，执法人员可随时开展线上培训，不断提高基层执法人员法制审核和专业执法能力。

衢州市大综合一体化执法改革过程中，地方立法机构充分发挥《组织法》和《立法法》赋予的法定职能，及时为地方重大改革试点保驾护航，并通过执法检查形式督促试点改革落细落实。

第五章　区县改革实践

第一节　"一支队伍管执法"的柯城实践

一、"一支队伍管执法"的实施背景以及理论框架

（一）政府治理理论和整体性治理理论

通常而言，政府治理是指以政府部门作为治理主体，对社会公共事务进行治理的行为。政府治理的首要目标是维护社会秩序、保障公民权利，促成公共利益的最大化。政府治理以行政权力为基础，又受到社会公众的约束，故其既有强制性又有正当性。由于政府治理的对象是错综复杂的社会事务，这就要求政府必须通过自身的改革调整，来适应社会的发展变化。一言以蔽之，政府治理就是要通过合法的强制力来实现管理社会事务的目的。它要协调社会各方利益，保护约定俗成的价值规范和法律制度，促进社会秩序的健康发展。

所谓整体性治理，是指以公民需求为治理导向，以信息技术为治理手段，对治理领域存在的碎片化问题进行协调整合，使之由分散变为集中，由碎片变为整体，从而为社会提供无缝服务的政府治理模式。在大数据这一时代背景之下，政府治理通过不断集中化和整体化，实现政府内部机构的有效运转。

（二）行政执法和综合行政执法

所谓行政执法，是指行政执法主体依据法律、法规和规章所赋予的权力，对行政相对人实施特定法律约束力的行政行为。由于行政执法会干预调整相对人的权利义务，故其行为只能在法律规定的区间之内进行。同时，由于它

面对的是复杂多变的社会活动，所以必须具有一定的自由裁量权。行政执法是行政管理的一种方式，目的是维护社会秩序和公共利益，保护公民和组织的合法权益，促进社会健康有序运转。

所谓综合行政执法，是指整合原有的执法职能和执法机构，将多部门、多领域执法职责整合由单一机构统一行使，并承担相应责任。综合行政执法改革最早开始于 2015 年，意在解决多头处罚、重复执法、效率低下等问题。它从组织体系入手，将相关的执法机构、执法权力、执法人员进行合并，对外统一行使行政执法权。通过这种结构性的调整，实现了监管与执法分离，从而形成一种既有机联系又互不干扰的全新管理模式。改革之后，每个市、县只有一个行政执法机关，统一行使各部门原先的行政执法权力。这样就有效避免了部门间条块分割和各自为政，从而理顺了综合执法部门和原行政部门之间的职责关系。

（三）综合行政执法改革和"一支队伍管执法"

综合行政执法体制改革主要针对机构设置、职责交叉以及资源调配等方面的不合理现象，是完善我国法治体系的一种动态调整方案。它遵循"精简执政、整合资源、提高效率"的基本原则。本质上是政府为了适应现代服务业的发展，而进行的一种组织体系自我完善，也是管理型政府向服务型政府过渡的必然要求。

所谓"一支队伍管执法"，是将执法力量和执法重心倾斜到基层一线，一个县级行政区域内只设立一个执法部门的机构设置模式。它统一集中了原各部门的行政检查、行政处罚和行政强制等职权，以"管罚分离"的状态开展行政执法工作。它是在推进综合行政执法过程当中产生的变革性举措，较好地解决了多头执法、重复执法、执法扰民等问题，实现了执法力量的统筹协调和执法资源的优化配置。

"一支队伍管执法"以构建高效协同的事中事后监管执法体系为重点，将发生频率高、与群众生产生活密切相关的执法事项纳入综合行政执法，进行体制重构、流程再造、多跨协同，以期扭转基层执法"九龙治水"现象。

二、柯城区"一支队伍管执法"的基本做法

一些执法事项乡镇"看得见却管不了",部门"管得了却看不见",协调起来效率低、周期长。此外,交叉执法、重复执法、监管缺位……针对这些基层执法中的普遍性"痛点",柯城区坚持系统观念、问题导向,做优做实"一支队伍管执法"的后半篇文章。通过数据集中、力量集合、管理集聚、服务集成等手段,破解资源分散、权责离散、力量涣散、服务零散等问题,较好地实现了整体性治理的目标。其基本做法主要有以下几点。

(一)梳理下放事权

科学合理地划转下放事权,是综合行政执法改革的关键环节。经过细致梳理,并征求多方意见,柯城区形成了执法目录总清单、综合执法清单以及专业执法清单等三张清单,并据此划转了 28 个领域 2439 项行政执法事项,由综合行政执法部门行使。"一支队伍管执法"改革前,该区在基层治理上主要面临三类困难:一是区级各职能部门之间职责边界不清晰导致的多头治理。二是有责无权,权责不对等导致的分层执法。面对日常高频问题,乡镇层面只能以检查、告诫、劝导为主,难以形成有效威慑。三是协调联动机制不畅导致的管理散乱。改革之后,柯城区根据实际情况,建立了以航埠镇和石梁镇为中心的乡镇行政执法体系,并将 17 个领域 505 项行政执法事项赋权上述两镇。行业主管部门落实监管职责,制订监管计划、规则及标准,开展定向检查;综合行政执法部门和乡镇街道接受行业主管部门的执法业务指导,开展执法办案、日常巡查,各方职责边界清晰明确。改革之后,综合行政执法事项占比达到 48.8%。

(二)优化执法力量

在执法事项赋权乡镇的基础上,柯城区通过大刀阔斧的人员重组,整合优化了执法力量。该区将综合执法、自然资源、市场监管等"1+5"高频事项部门下派人员常驻一线,组建航埠镇和石梁镇综合行政执法队,形成"一支队伍管执法"的基本架构,确保下放的事权"看得见、管得好"。通过派

出部门先行梳理、乡镇（街道）属地优化的方式，确定了执法岗位职责，并实行属地乡镇（街道）、派驻人员"双向选岗"，从而使人岗匹配更加科学合理。通过人员重组，执法力量得到明显的集聚和加强。以航埠镇为例，该镇2020年底成立综合行政执法队，整合了原来的综合执法中队、市场监管所、资规所以及执法辅助人员。此后针对高频事项补充对应条线力量，又增加了9人。目前，航埠镇综合行政执法队共有队员49名。其中，乡镇执法人员31名，部门派驻人员18名。

（三）整合执法领域

在执法领域上，柯城区"一支队伍管执法"采用的是"1+5"的模式，即综合执法＋生态环境、卫生健康、应急管理、市场监管以及交通运输。该区加大民生相关领域高频执法事项的归集力度，综合执法、市场监管、应急管理以及交通运输等部门围绕新划转执法事项，抓牢前期承接、事中执法和长效管控三个环节，以"接得住、落得下、管得好"为目标，实现了部门间的有效联动。该区还整合优化了执法区域。将全区乡镇街道划分为11个执法区域，各派驻1支综合执法中队，并将75.84%的执法力量下沉。执法力量延伸覆盖周边乡镇，重点做好沟溪乡、华墅乡、七里乡等地的日常执法攻坚。

（四）整治高频违法

日常监管中，柯城区"一支队伍管执法"确立了"整治高频违法"这一行动目标。经过细致梳理，乡镇综合执法队在各乡镇（街道）确定了370余个违法行为易发点位，将堵塞消防通道、私拉电线充电以及移动水利工程界桩等13项发生频率较高、与民生密切相关的违法行为，列入重点清单进行集中整治。督促当事人逐一整改到位，消除影响，实现案结事了。在整治高频违法的基础上，还通过事项梳理、力量整合、统一标准，对安全生产、规划、环保、消防等方面进行综合体检。此外，柯城区还建立了市容管理和政策法规月度联席例会制度，将市容领域易发现违法线索和法制领域专业标准有机融合，提升新划转事项的执法效能。

（五）形成工作闭环

柯城区发挥乡镇大联动中心和综合信息指挥室作用，以基层治理四平台为依托，融合"浙政钉·掌上执法"、12345热线举报投诉、村情通等平台，由综合信息指挥室进行统一流转、交办和反馈，形成"一支队伍管执法"的工作闭环。该区强化与划转事项行业主管部门的横向协同，扩展部门综合度和事项覆盖面，在减少执法扰企扰民的前提下深入排查违法案源。重点对"农民建房""三小一摊""疫情防控"等"一件事"场景进行处理。该区还以日常执法检查、普法下基层、"8090"宣讲以及《城管零距离》电视专栏等形式开展普法宣传，增进市民群众和企业单位对执法事项的知晓度。制定跨区域执法联动和协作、指挥协调工作机制共计46项，用以规范和完善"一支队伍管执法"。

（六）完善督考体系

健全的督查考评体系，是"一支队伍管执法"改革取得成功的重要保障。柯城区确立了"部门主建、乡街主管"基本架构，创新形成了岗位赋分、模块评分、组团积分、专项计分的"一支队伍管执法"派驻执法人员"四维考评"制度。截至2022年6月底，全区147名下沉至乡镇（街道）的在职在编行政执法人员全部纳入基层"四维考评"。具体来说，主要对以下四个维度进行评价。一是办案质量的"专业度"，二是相关平台事件处置的"响应度"，三是处理办结网格上报事件以及参加各类业务培训的"参与度"，四是模块领导对交办任务的"满意度"等。

此外，执法派驻人员根据乡镇（街道）实际，落实"专属网格＋村（社）网格"的网格化服务机制，针对网格情况掌握程度、网格重点工作落实情况等进行分档打分。通过抽查形式，每月对监管对象、12345热线投诉人等进行回访，对执法人员是否用活柔性执法、刚性执法、执法监管等三种执法手段进行评价打分。同时将自身考评与网格考核相挂钩，将每季度网格综合考评分数进行折算，提升执法干部组团服务的积极性。柯城区鼓励执法队员聚焦执法主业、全面融入基层，并实现了三个方面的融合。一是经济待遇融合，执法队员参照乡镇待遇执行。二是条块工作融合，执法队员可以自行选执法专岗和法治通岗。三是成长空间融合，乡镇（街道）提供两个股级岗位供执法队员选择，让能力突出的队员有更好的平台。

三、柯城区"一支队伍管执法"取得的主要成效

（一）执法力量有效下沉

"一支队伍管执法"改革之后，柯城区实现了"60%以上执法力量下沉到乡镇"的既定目标。该区还不定期邀请法律顾问及行业主管部门业务专家，对"1+5"部门和乡镇执法队的执法队员开展执法培训，提升他们的专业执法能力。截至2022年8月，航埠镇、石梁镇两支执法队对周边乡镇日常多发、易发事项共开展辐射执法230余次，有效地解决了偏远乡镇存在已久的执法难题。

（二）执法响应更为快捷

"一支队伍管执法"改革之后，柯城区的执法区域更加明晰，执法响应更为快捷，取得了较为显著的成效。该区的航埠镇执法中队曾遇到这样一个案例：2022年3月19日凌晨，沟溪乡传来紧急联动请求，后坞村连续有外地牌照货车进入村内倾倒大量建筑垃圾，急需支援。接到消息后，航埠镇综合行政执法队立即安排执法队员前往后坞村，与当地力量会合，着手调查。翌日清晨，执法人员已固定违法事实证据。后续执法队员依照《浙江省综合治水工作规定》对涉事司机做出行政处罚，并责令司机清运现场垃圾。

以上案例真实反映了航埠镇在执法响应上的变化。"一支队伍管执法"改革之前，受辐射乡镇执法力量薄弱，执法能力几乎为零。此外，部门间职责不清，回应支援慢，响应时间长。改革之后，航埠镇综合执法队每周在辐射乡镇开展多跨高频检查，并召开区域行政执法联席会议，对重大疑难、跨区域的事件进行讨论会商。"一支队伍管执法"的职能整合和区域联动，既有效规避了部门间因职责不清而导致的推诿扯皮，又有效缩短了执法响应时间，从而极大地提升了执法效率。乡镇（街道）执法响应时间由原先的1~3

日变为实时响应，15分钟集镇管理圈逐渐成形。街面上乱停车、乱堆放、占道经营等不文明违法现象大为改观，群众、企业的满意度大为提升。

（三）执法联动更加有效

柯城区的航埠镇执法中队遇到过这样一个案例：2022年4月14日凌晨，航埠镇综合行政执法队接到网格员上报，常山港有人捕鱼，当晚值班的执法二组队员立即出动，在现场初步调查当事人的违法行为后，查扣违法工具，并将线索移交给属地派出所进行立案查处。

上述案例是柯城区执法联动的一个缩影。"一支队伍管执法"改革之前，执法小组巡查力量有限，不能及时发现区域内所有的违法行为。网格员虽能发现违法行为，却因为没有执法权而不知所措，只能联系区专业执法队处理。等到执法力量到位时，违法者早已"逃之夭夭"。改革之后，"执法小组＋网格员"的组团模式实现了有效联动。主要由当地村民组成的网格员，全方位、全时段巡查监管，发现问题第一时间点对点上报。执法小组得以近距离迅速出击，第一时间查处案件。

柯城区着力优化"一支队伍管执法"跨区域执法联动和执法协作、指挥协调工作机制，统筹日常巡查、监管、服务与管理，消除部门与乡镇间各自为战、推诿扯皮，切实提升基层治理效能。

（四）跨领域合作成效显著

跨领域合作是"一支队伍管执法"重要内容。2022年，航埠镇开展重点领域"综合查一次"执法187家次，全年检查频次同比减少30%。

2022年4月，航埠镇"一支队伍管执法"重拳出击，对违规加水点涉及的18户进行集中整治。重点检查取水情况、不动产登记情况、违法建设、店外经营、乱堆放、营业执照、餐饮店食品经营许可证、从业人员证件、食品是否过期、疫情防控。

此次跨领域执法合作，涉及公安、资规、执法、交通、水利、卫健等条线，制作询问、勘验笔录5份，发限期改正通知书2份。全面完成18个违规加水点整治，清理垃圾堆放50余处，整改隐患路口2处，同步完成沿线机非隔离设施整改工程。

"一支队伍管执法"改革之前，该领域执法需要区级多部门参与，统筹协调难度较大。而且由于看得见的管不着，违法问题很快就死灰复燃，整治成果难以巩固。改革之后，针对 320 国道航埠段临时违规加水点多、货车司机人员集聚风险高的问题，航埠镇综合行政执法队与相关部门开展联合执法。沿线 18 个违规加水点全部整治到位，有效消除疫情风险。监管与执法的一体化，有效避免了违法问题的反弹。

（五）化解矛盾更加得力

以往，乡镇街道重大项目主要依靠镇、村两级干部克难攻坚，力量单薄且"条线"特征明显。"一支队伍管执法"改革之后，"乡镇吹哨、部门报到"。柯城区发挥资规、农业农村、环保等部门专业优势，一线化解矛盾，解决问题，保障项目，服务群众。同时，该区还借助现有的智能前端设备，通过数据归集、智能分析、流程监控等功能，从人工发现转变为智能预警，实现迅速发现、精准派单、高效解决，将矛盾化解在"街头、苗头、源头"。2022 年，所有重大项目均实现签约、腾空、拆除三个 100%，保证了社会面的和谐稳定。该镇还整合行政执法力量和村社网格力量，统筹日常巡查、监管、服务与管理，切实提升基层治理效能，并全面落实企业服务 2.0 模式。截至 2022 年 8 月，共收集园区企业问题 25 个，已解决问题 23 个，办结率 92%。

（六）信访总量急剧下降

在"一支队伍管执法"的基础上，柯城区还创造性地开展了"一支队伍管调解"等工作尝试。以航埠镇为例，该镇正处于高质量发展的风口，重大项目、征迁项目较多，导致信访矛盾纠纷也比较多。全镇信访量一度占全区上访总量的 40% 以上。"一支队伍管执法"改革后，航埠镇发挥综合执法、卫生健康、市场监管等部门专业优势，在农民建房、违建管控、疫情防控等信访量大的民生领域提前介入，尝试开展"一支队伍管调解"行动。由综合执法牵头，联合纪委、公安、法院、司法、律师等各方力量，以多层次、宽领域、广覆盖的专业性调解，形成了"多位一体"工作合力，从根本上杜绝了基层治理中矛盾纠纷反复，大幅降低信访量。2022 年 1—6 月，全镇信访总量同比下降 31%，社会治理效能显著提升。

四、柯城区"一支队伍管执法"上存在的主要问题

（一）执法与监管的职责边界不明

在实际工作中，"一支队伍管执法"的划转事项，往往由各职能部门自行梳理，未能经过严格论证，有一定的随意性。行政处罚事项划转至综合行政执法部门后，部分主管部门存在理解误区，认为监管责任也一并划转。导致只审批不监管的情况时有发生，人为加重了基层一线的执法负担。监管责任的缺失，又加剧了违法行为的发生频率。实际上，改革划转的只是部分行政处罚权，而且处罚权转移并不意味着监管权的同时转移，与此对应的审批权、监管权仍然保留在原部门。

（二）执法队伍综合素质偏低

近年来，随着"一支队伍管执法"改革的深入，综合执法呈现出精细化、专业化的趋势。然而，执法人员综合素质偏低和业务能力不足等问题也日益凸显。执法队伍经过重组整合之后，实现了人员数量上的增加。但人员构成上的良莠不齐并未得到根本改变。编制问题仍然是困扰执法队伍建设的一大难题。以柯城区航埠镇综合行政执法队为例，49 名队员中，正式在编人员为 18 人，占比仅为 36.73%。其中具有法学专业背景的执法人员更是少之又少。关键时刻业务能力不足的短板，制约了执法办案的质量，还影响了政府的公信力。不同编制之间，"同工不同酬"现象较为突出，也在一定程度上影响了执法队员的工作积极性。

（三）执法专项人才短缺

"一支队伍管执法"改革之后，一些新划转的案件的办理，需要相关的专业知识。尤其是国土、规划、建设类案件，由于综合行政执法队并不掌握审批权限，一旦碰到违法当事人不配合，可以动用的行政手段相当有限，对

当事人的传唤、取证较为困难。目前，柯城区区级层面已开展部分划转高频处罚事项的学习培训，但由于缺乏系统性，在专业性较强的新划转执法领域，执法人员的执法经验和知识储备均存在一定的短板。专项人才的缺失，使每一位队员都要面临"全科执法"的窘境，工作压力也随之加大。在一些违法案件的定性上，由于执法人员没有取证资质，导致勘测结果不能作为处罚依据，影响了执法的效率。此外，现有系统平台，如浙江省统一行政处罚办案系统、省行政执法监管平台（"互联网＋监管"平台）等，基层执法队员在了解、掌握、使用等方面，也存在着明显的不足。

（四）执法力量弱化

"一支队伍管执法"改革之后，综合行政执法人员的管理体制也发生了变化，即由原先的部门、乡镇双重管理转变为乡镇属地管理。相应的人财物管理权、日常指挥权以及监督考核权等都发生了变化。由于乡镇（街道）还承担着发展地方经济、维护社会稳定等诸多职能。因此，在日常工作中，基层中队往往要承担大量非执法类业务，比如各种活动保障、信访维稳、征地拆迁等。这也在一定程度上削弱了基层的执法力量，影响了他们对主职主业的专注度。

五、柯城区"一支队伍管执法"的对策建议

（一）科学确定划转事项

一是明确界定监管和执法的职责范围。明确行业主管部门的审批和监管职责，防止因执法职能划出而导致的监管缺失。明确综合行政执法部门的案件查处职责，发挥其对违法行为的处罚震慑作用。乡镇（街道）政府作为基层一线，其职责主要是对辖区内各项事务分门别类，做前端处理，并按规定向相关部门做好移交工作。相关业务主管部门应严格依照上级文件精神，落实行业监管责任，履行好相应的监管职责。二是建立不宜划转事项负面清单。一些专业性、技术性较强的行政处罚权，因证据固定具有时效性，且需专业部门配合检测。此类事项的划转会造成执法低效。一些涉及生命安全、公共

安全的行政处罚权,由于关系到国计民生,也不宜划转。三是探索建立科学、民主的划转事项调整机制。当前,应当集中下沉技术性不强、简易程序为主的行政处罚事项。今后,可将划转事项的调整权力适度赋予基层。由区级部门和乡镇讨论协商,共同确定需调整的事项清单。

(二)加强行政执法队伍建设

一是要将正规化、专业化、职业化作为行政执法队伍建设的远期目标,严格设置执法机构人员准入门槛。一线执法人员需要较强的临场判断能力和处置能力,应熟练掌握相关的法律条款并灵活运用。可遵循"老人老办法,新人新办法"的原则。现有的老队员以学习提高为主;在录用新队员时,可适当设置形象仪表以及法学专业背景的招考条件。二是加大基层执法一线编制的倾斜力度。可考虑设立行政执法类公务员专项编制,列入单独序列管理。三是有效提升执法人员业务素质。建立执法人员培训教育常态化运行机制。基层要针对赋权事项开展相关法律法规培训,统一执法文书、制定办案指引。市级行业主管部门开展相关业务知识培训时,要有针对性地将区级执法人员纳入培训计划,提高他们的执法业务水平。市级层面还应加强系统平台使用方面的培训和指导,以便基层能够准确理解、熟练使用,为今后的系统平台整合打好基础。

(三)提升执法能力

一是规范行政执法的工作流程。梳理执法办案整个环节,建立人、岗、责相匹配的办案流程,以解决基层执法意识薄弱、执法经验欠缺等问题。坚持理论与实践相结合,认真分析实战中遇到的共性问题,加强研究、总结规律,形成实操性的工作指南。二是鼓励执法队员考取相关职业资格证,如果条件成熟,可实行队员持证上岗制度。三是建立综合行政执法队伍动态调整机制,执法人员能上能下、能进能出,以激发执法队伍的活力。四是建立专家审核把关制度。调集法院、司法、律师等专业法制力量,对重大疑难案件进行把关指导,并举一反三,融会贯通,确保划转事项"放得下、接得住、管得好"。

（四）建立执法保障协作机制

一是坚持"乡镇（街道）管人"原则，上级部门不随意插手执法队伍的日常管理，不随意抽调执法人员离岗。二是进一步向乡镇（街道）倾斜执法资源。明确下沉执法力量的职责边界。优先选派经验丰富、能力较强的骨干队员下沉一线，并为基层配备先进的执法装备。三是建立执法协作机制。充分发挥市、县两级综合行政执法指导办的统筹协调职能，完善乡镇（街道）与区直部门之间的案件移交、争议协调等机制，避免出现推诿扯皮。四是建立乡镇（街道）的管理约束机制。以规章限制乡镇（街道）对执法人员的随意使用，明确执法人员不得承担的负面任务清单，促进他们聚焦主职主业。引导乡镇（街道）将有限的执法力量管好用活。

第二节 "综合查一次"的衢江实践

经济社会发展对国家治理效能提出了越来越高的要求，其中就包含了要提高行政执法水平的要求，当前行政执法过程存在着效率低下、权责不清等问题，其中很重要的原因在于政府部门内部管理存在碎片化问题。[①] 为了应对政府部门治理碎片化问题，"整体政府"（Holistic Government）理念被研究提出，[②] 它强调通过搭建跨部门协同的制度框架和运行环境来实现既定目标。[③④] 而随着"大综合一体化"行政执法改革的实施，"综合查一次"执法活动为政府部门所关注并形成相应制度。"综合查一次"是对涉及跨部门、跨领域、跨层级多个执法主体的相关行政检查事项进行"一件事"集成，在同一时间对同一监管对象进行联合执法检查，防止监管缺位，避免重复检查的综合行政执法活动；它以数字化改革为牵引，遵循全面覆盖、整体协同、

---

① 沈荣华、何瑞文：《整体政府视角下跨部门政务协同——以行政服务中心为例》，《新视野》，2013年第2期，第60~63页。

② Perri, Leat D., Seltzer K.,*Governing in the Round:Strategies for Holistic Government,* London:Demos,1999.

③ Kamasamudram K., Currier N.W., *The Management Mode and Reformation of Fragmented Government:from the Perspective of Holistic Government,Journal of Social Sciences*,2010,No.3~4.

④ 包国宪、张蕊：《基于整体政府的中国行政审批制度改革研究》，《中国行政管理》，2018年第5期，第28~32页。

高效规范的基本原则，解决重复执法、多头执法等治理难题，形成全覆盖的政府监管体系和全闭环的行政执法体系。[①]因此，探索推行"综合查一次"无疑正是对整体政府理念的制度实践。

作为"大综合一体化"行政执法改革试点，近年来，衢江区不断深化综合行政执法改革，把执法力量下沉到一线，参照公安建制，在全市率先组建覆盖全域的乡镇综合行政执法队，将交警、资规、市场监管、司法、交通等派驻干部，纳入相应站所统一管理，锁编锁人，将派驻干部的指挥权、考核权等下放乡镇，形成了"四有六化""1+X"片区执法模式（1是赋权乡镇，X是辐射乡镇）等多个省市"首创"。在此背景下，衢江区又探索推行综合行政执法领域"综合查一次"，在城市管理、市场监管、生态环境、农业农村、应急管理、资源规划、城乡建设、消防救援等领域逐步构建"综合行政执法＋部门专业执法＋联合执法"常态化执法监管模式，实现线上数据汇聚畅行、线下监管精准高效，以有效提升综合行政执法的感知力和战斗力。

一、衢江区"综合查一次"的具体做法

构建整体政府需要在组织、科技及人力上进行资源整合与相应建设，[②]按照整体政府的管理模式，"综合查一次"的执法实践应该注重纵向层级与横向部门之间的合作与协调，并依托数字化手段实现任务流转与信息共享。在具体实践中，衢江区通过构建高效协同的指挥体系、完善信息共享的运行机制以及建设合理有效的监督体系来保障"综合查一次"有效执行。

（一）构建联动指挥体系

"联合"（joined-up）是"整体型政府"组织机构的一个基本特征，[③④]

---

① 《浙江省人民政府办公厅关于全面推行"综合查一次"制度的指导意见》，《浙江省人民政府公报》，2022年第3期，第40~43页。

② Perri, Diana Leat, Kimberly Seltzer, Gerry Stoker, *Governing in the Round:Strategies for Holistic Government,* London:Demos,1997.

③ Christoppher Pollit, Joined - up Government: a Survey,*Political Studies Review*,2003,No.1,p.135.

④ 谭海波、蔡立辉：《论"碎片化"政府管理模式及其改革路径——"整体型政府"的分析视角》，《社会科学》，2010年第8期，第12~18，187页。

也是实践"综合查一次"的重要基础，在组织设计过程中，它强调在政府间与部门间形成良好的协同架构。衢江区以基层治理大脑为支撑，搭建行政执法统一指挥平台，建成 1 个区级指挥中心和 9 个乡镇（街道）综合指挥室，优化调整设置 769 个网格，构建纵向指挥到底、横向协调联动的立体化、全覆盖的联动指挥体系，实现"一个中心管指挥"。"综合查一次"通过"掌上指挥"平台进行事件集中处理，指挥中心依托指挥应用，可以实现检查任务线上磋商、一键分发，确定检查对象、数量、方式和检查人员，统筹调度辖区内执法力量和执法资源，着力解决执法人员、执法装备调配等问题，形成牵头单位和区综合执法指导办按要求组织实施，参与单位积极配合的模式。具体而言，通过网格事件上报基层治理四平台，综合信息员经过事件研判后将事件进行流转交办至"监管执法"模块，该模块相关负责人初步了解情况后发起"掌上指挥"，组织相关责任人一同进入掌上协同，组成联合检查组开展"综合查一次"执法检查，实现了执法指挥直达手机端，推动了一体化执法。

（二）建立信息共享机制

应用数字技术打破部门数据"壁垒"以畅通信息渠道是"综合查一次"应用实现的重要手段。衢江区集成 17 个部门 28 个系统数据，整合"雪亮村居"、物联感测等近 2 万路视频，推动数据信息全量汇聚、实时共享，实现市级事件中心与区社会治理中心、乡镇智治中心贯通，初步建成监管执法信息大数据库，为"综合查一次"分析研判、精准派单、联动指挥提供大数据支撑，并建立健全信息报送、分析研判和事件处办体系，进一步提高信息互通和流转效率。各执法部门和乡镇（街道）以权力事项清单为基础，以监管对象或事项为联结点，充分运用大数据、人工智能等技术，在分析研判具体执法监管数据的基础上，对 60 个"综合查一次"检查场景清单进行动态调整，并统一应用"浙政钉·掌上执法"系统，检查结果和处理结果依法公示并同时推送至相关部门，涉案线索证据材料同步纳入证据共享库。

（三）强化监督考核机制

保障运行结果与执法活动成效需要相应的监督考核机制加以支持。区综合行政执法指导办与区大督考办、区社会治理中心对"综合查一次"制度实施情况实行全流程监测、监督和动态评价，督促监管主体切实规范履职。各执法部门和乡镇（街道）"综合查一次"制度实施情况将作为行政执法评议的重要内容，并纳入法治政府建设考核；将下沉乡镇（街道）的执法人员纳入"四维考评"体系，落实 25% 评优评先，优秀派驻干部可以担任乡镇中层，实绩突出的可在乡镇推荐提拔。除此之外，衢江区还充分发挥机关监督、舆论监督、社会监督的作用，特邀人大代表、纪委监委、司法人员、新闻媒体、市民群众等全方位实时跟踪执法监管，确保"综合查一次"工作程序规范、取得实效，并广泛接收群众意见线索，抽查情况及查处结果依法及时向社会公布。

二、衢江区"综合查一次"的实践成效

"综合查一次"执法实践，不仅仅是对政府部门结构进行重组，在基层治理中融入数字化手段，更为重要的是在具体运行中重塑了层级与部门之间的利益与身份等组织关系，[①]改变当前多头重复、"碎片化"治理等现实难题，提升执法效率，塑造良好的政府形象。

（一）联合执法改善区乡执法关系

执法关系改变包括了执法权力、执法边界等多种关系的改变。"大综合一体化"行政执法改革和基层治理体系改革，改善了部门和乡镇职责边界不清、协同运行不畅的问题，在规范事权的同时，赋予乡镇对派驻人员更多的指挥协调权，也让不同部门在同一件事上打破壁垒，各自运用不同的侦查手段，协作配合，形成执法合力。衢江通过精简队伍、人员整合，完善建设"综合查一次"检查对象名录库、执法检查人员名录库，实现 71.9% 行政执法力量、227 名执法人员下沉乡镇，在一定程度上提升了基层的执法能力；通过

---

① 沈荣华、何瑞文：《整体政府视角下跨部门政务协同——以行政服务中心为例》，《新视野》，2013年第2期，第60~63页。

掌上指挥，可实现组织相关责任人一同进入掌上协同，并以目标为导向，明确执法流程与关键节点，厘清多方责任，重塑了部门、乡镇之间的执法关系，在一定程度上突破了原先层级与部门之间的执法界线。

（二）信息共享提高基层沟通效率

通过网格上报、事件流转、掌上协同，多部门联动联查，基层实现了共同快速处理执法活动案件的要求，减少了多头沟通的问题。乡镇依托智慧治理联动平台，运用"1+1+3"三联机制，通过掌上指挥协调指挥，能第一时间厘清事件脉络，整合执法力量，快速反应，实现问题隐患的发现、处理、结案闭环。如杜泽镇一直存在耕地取沙石的问题，但因为其镇域范围大，涉及的行政村多，地理位置偏僻，使得耕地取沙石的监管难度极大，并且该事件往往错综复杂，涉及多部门多条线，乡镇凭一己之力很难及时有效处置到位。在"综合查一次"行动下，网格员就能第一时间将相关情况上报到基层治理四平台，通过信息员及时交办信息，相关负责人就能通过"浙政钉·掌上指挥"应用发起专项行动，由部门派驻的执法人员开展执法工作。

（三）监督考核保障行政执法时效

依托数字化平台，"综合查一次"执法过程从网格上报到过程处理均可在掌上指挥应用中心得以呈现并进行及时反馈，且按照区综合行政执法指导办与区大督考办等有关指导部门的要求，各项通过掌上指挥进行流转的案件需要在规定时间内进行办结，案件各阶段处理过程会在平台上被及时记录，这在很大程度上保障了平台上的执法案件处理的时效性。而相关部门在理论上可通过各平台的数据接入，从指挥平台上对"综合查一次"执法过程进行时时监督，同时各执法中心按照要求而整理形成的相关"综合查一次"执法案件台账也成为有关部门对乡镇（街道）执法中心进行监督考核的主要依据。

（四）柔性执法提升政府公共形象

政府公共形象是政府在公共事务管理过程中所表现出来的精神风貌与实

践表现，也是政府信任的集中表现。[①] 柔性执法是政府在行政过程中所采取的非强制性行政，[②] 在执法过程中，它具体表现在"综合查一次"过程中，执法人员不仅对首次发生的轻微违法行为实行"首违不罚"，而且充分发挥部门间的联动作用，在不降低标准的前提下，主动帮助经营户解决实际困难。如樟潭街道一饭店因"食品经营许可证"期满到区市场监督管理局申请更换证件，区市场监督管理局即刻组织相关部门开展联合踏勘，过程中发现店内存在卫生安全等问题，但考虑到该经营户家庭存在困难，便发动社会爱心力量清洁整理店内各区域，最终使其成功取得证件。而面对今年不少市场主体生产经营受到疫情冲击的现实情况，衢江区便将服务指导融入"综合查一次"执法检查全过程，着力加强对市场主体的疫情防控指导和复工复产帮扶，结合"综合查一次"累计帮助市场主体解决实际问题 60 余个、化解矛盾纠纷 20 余起，在提高群众满意度的同时，也提升了政府的公共形象。

三、衢江区"综合查一次"的问题短板

"综合查一次"通过联合执法与平台监管为基层执法改革赋能，但不可避免地，在制度落实过程中往往会存在着与设计有出入的地方。尽管通过"综合查一次"提高了执法效率、改善了体制中的横纵关系，但这些改变并不是彻底的，这过程中依旧会受到相关人员的经验与知识储备、案件本身的复杂与难易程度、平台的设计与使用等因素的影响。

（一）案件上报与流转受制于相关人员的专业经验

由于"综合查一次"主要针对的是需要多部门联合执法的复杂案件，因此能否发现复杂案件、能否正确判断案件的关联部门是运用治理平台、"掌上指挥"等应用进行"综合查一次"的基础，这就对进行实际操作的网格员、平台综合信息员等人员的专业与经验提出了相关要求。通过基层治理四平台

[①] 沈瑞英、周霓羽：《中国政府形象对政府信任的影响——基于CSS2013数据的实证研究》，《上海大学学报（社会科学版）》，2017年第34卷，第6期，第94~103页。

[②] 刘福元：《非强制行政的问题与出路——寻求政府柔性执法的实践合理性》，《中国行政管理》，2015年第1期，第44~51，67页。

应用端发起的"综合查一次",其发起对象一般是网格员,但有些事件问题往往表现得不明显,对于一些并不具备相关经验的网格员而言,这些事件不容易发现,而"综合查一次"针对的事件又恰恰是这些隐藏的复杂问题;同样的,上报到治理平台的问题需要由平台综合信息员进行案件研判,对案件的复杂程度以及相关联部门进行判断后再进行流转,因此若相关经验不足则会在一定程度上影响执法进度。

(二)应用平台的使用会降低部分案件的处理效率

尽管治理平台、"掌上指挥"等应用在"综合查一次"执法活动能提高执法效率、降低沟通成本,但过于强调使用相关应用平台反而会降低部分案件的处理效率。比如部分被直接上报了乡镇(街道)综合指挥室但未上报至平台的案件,因为问题明确、责任清晰、复杂程度不高,综合指挥室甚至可组织部门派驻的执法人员直接到现场解决;而根据案件性质,类似事件按规定应由区综合执法局进行牵头处理的,若上报平台,则需由执法局业务员报告给相关单位业务员后,再将事件流转回来进行协同执法,这无疑增加了执法成本与时间,反而复杂了案件处理流程。针对这类案件的处理,若从效率角度看,通过平台进行案件上报与流转反而会降低执法效率,所以基层理应采用更为灵活的方式进行解决。

四、衢江区"综合查一次"的优化建议

"综合查一次"实践过程中出现的问题更多的是数字化应用介入执法工作后所产生,但瑕不掩瑜,两者之间的磨合确为执法体系完善与整体政府构建提供了路径,而实践过程中存在的这些问题,可以通过业务培训、制度完善等方式进行优化解决。

(一)开展专业培训,制订岗位职责清单

基层执法的复杂性要求相关网格员能及时发现并上报问题,针对当前存在问题难发现的情况,必须通过专业培训、开展经验交流会等方式,帮助网格员把握所在乡镇(街道)基本情况,了解以往基层治理过程存在的痛点与

难点，厘清基层执法过程中可能遇到的各类问题，提高网格员发现问题、判断问题的能力。同时要搭建网格员之间、业务员之间以及网格员与业务员之间的沟通交流平台，通过平台促进经验交流，通过业务员可为网格员研判问题提供指导力量。除此之外，各综合指挥室与相关部门应制定岗位职责清单，合理安排人员结构，明确不同专业事项的部门执法人员并进行不断地动态调整，保持平台人员变动后能实时更新，其目的是在现有"一件事清单"的基础上，使信息员能直接与相关人员实现对接，减少因信息差带来的效率问题。

（二）分类管理事件，建立事后数据台账

数字应用平台的使用是为了方便或优化当前行政执法与执法监管，从整体上判断，若应用平台本身在实现该建设目的的过程中产生了部分冲突，则应以更为灵活的方式对平台使用与现实执法之间的关系进行适当调整。根据部分案件上报反而降低效率的问题，应该对执法案件的管理进行分类处理，即对这类基层能直接解决的事件，则采用事后数据台账制度，将原本需要重复流程的事情进行简化，以降低事件处理时效的同时，又保障对基层行政执法工作的监督与考核。

第三节　执法队伍规范化的龙游实践

为深入学习贯彻党的二十大精神，不断提升综合行政执法队伍规范化建设水平，建立数字化引领、高效协同的执法体制，按照《龙游县关于加快推进"大综合一体化"行政执法改革方案》文件精神，以高质量打造"大综合一体化"改革成果展示为重点，以构建高效协同的执法监管体系为突破，以重塑体制机制，统筹执法力量为载体，以优化执法流程、构建工作闭环为抓手，强化区域协同，撬动行政执法全方位变革、系统性重塑，推动执法监管"闭环"、基层治理"增效"、执法资源"集聚"，以规范化行政执法队伍建设为主攻方向，不断推动"大综合一体化"行政执法改革迈上新台阶。

关于综合行政执法队伍研究较多，主要集中在执法问题、执法行为方式

等方面，另一方面关于综合执法改革发展也有较多深入研究。

扬州大学研究城管执法方面的王毅教授认为，我国城市管理主要问题是体制的不统一和机构设置的不规范，中央层面没有国务院专门分管城市管理工作的部委总体指导，省级层面没有对应的厅局级单位领导各市城管局。主要靠各地市设立"城市管理局"自行开展工作，全国没有统一牵头的部门和统一的管理体系。[①] 中国人民大学莫于川教授在《从城市管理到城市治理到市域治理》中谈到，住建部颁布的规章《城市管理执法办法》虽然不是最优或者次优方案，但施行两年来为当下加强和改善城管执法工作提供了中央层次的专项行政法律规范。同时也认为，鉴于城管执法的特殊疑难性，部门规章可能很难大有作为，高层决策机关应在此基础上有计划地尽快推出城市管理和治理的专门法律或行政法规。[②] 天津大学管理与经济学部公共管理学院杨文明与吴量福在共同出版的《步出藩篱的路径探索：城管与综合执法的历史、现状与将来》一书中，对城管队伍的现状总结概况为：1. 进入门槛低；2. 综合执法工作基本不需要专业知识和特殊技能；3. 城管队伍老化和固化；4. 城管队伍缺乏职业认可度和自豪感；5. 缺乏职业动力；6. 形成心理健康问题。两位作者针对这些问题提出了自己的解决之道：城管队伍职业化，变成一种专门的职业，将城管干部与队员转型成为专业的执法队伍。首先在政府建制中给予城管队伍一个正式的位置；其次从职业化角度看待正式城管与协勤的问题；再次将城管队伍转型为一支专业队伍需要经过系统和持续的培训；最后城管队伍应该慎重参与任何与经济利益、土地开发有关的强拆活动，保持城管队伍城市执法者的形象。[③]

闻尔依（2021）对基层综合行政执法队伍规范化建设的问题进行了分析，并提出了加强规范化建设的对策。[④] 李锦涛（2021）以泉州市交通运输执法

---

①　於强海：《城市治理：城市管理体制改革》，南京大学出版社2017年版，第25页。

②　于川：《依法治理创新实践》，南京大学出版社2019年版，第34页。

③　杨文明、吴量福：《步出藩篱的路径探索：城管与综合执法的历史》，经济管理出版社2019年版，第51页。

④　闻尔依：《基层综合行政执法队伍规范化建设研究》，西北农林科技大学出版社2021年版，第13页。

支队为例，对如何推动其规范化建设研究提出了对策和建议。[1] 许明（2021）对 N 市 P 区城管执法队伍规范化建设进行了研究。[2] 刘旭凤、孙林平、李雁、迟建林（2020）就农业执法规范化建设进行了分析，并提出了规范化建设的思考。[3] 何格格（2019）结合城区城市管理综合行政执法队伍建设现状，提出了规范化建设的建议。[4] 王芳（2019）提出了服务型政府视野下的行政执法规范化的对策。[5] 姚锋波（2009）对水行政执法队伍规范化建设提出建议。[6] 王震、吴波、张遥驼（2009）提出了全省住房和城乡建设行政执法队伍规范化建设的措施。[7]

执法队伍的规范化建设主要是希望通过规范管理机制、规范执法流程、规范执法环境，使得执法队伍的执法能力不断提升，让执法人员可以更好地胜任现实的执法要求。但是，由于人员管理权限、人员素质和外部环境等因素的影响，部分地区的执法人员队伍规范化管理水平还不高。为此，要采取综合措施，通过规范化的管理，不断提升执法人员的综合素养、执法能力和水平，从而更好地推动"大综合一体化"行政执法改革。

一、综合行政执法队伍规范化建设的基本做法

加强城市管理的规范化水平至关重要。张波、刘江涛编著的《城市管理学》一书中，认为城市的管理是必要和必需的，城市的特性决定城市需要管理，市场的不完备性决定城市需要管理，管理、市场各司其职可以提高效能。[8] 马彦琳、刘建平认为，现代城市管理是指多元的城市管理主体依法管理或参

---

① 李锦涛：《泉州市交通运输执法支队规范化建设研究》，华侨大学出版社2021年版，第28页。

② 许明：《N市P区城管执法队伍规范化建设研究》，南京师范大学出版社2021年版，第32页。

③ 刘旭凤、孙林平、李雁、迟建林：《农业执法规范化建设的实践与思考》，《环渤海经济瞭望》，2020年第4期。

④ 何格格：《城区城市管理综合行政执法队伍规范化建设研究》，广西大学出版社2019年版，第37页。

⑤ 王芳：《服务型政府视野下的行政执法规范化》，《人民论坛》，2019年第3期。

⑥ 姚锋波：《水行政执法队伍规范化建设之我见》，《陕西水利》，2009年第4期。

⑦ 王震、吴波、张遥驼：《全省住房和城乡建设行政执法队伍 规范化建设总结表彰会议在我市召开》，《驻马店日报》，2009年3月23日。

⑧ 张波、刘江涛：《城市管理学》，北京大学出版社2007年版，第105页。

与管理城市地区公共事务的有效活动，属于公共管理范畴；从现代城市管理的主角——城市政府角度出发，现代城市管理主要是以城市的长期、稳定、协调发展和良性运行为目标，以人、财、物、信息等各种资源为对象，对城市运行系统做出的综合性协调、规划、控制和建设、管理等活动。[①] 在城市管理的规范化过程中，城市管理人员的规范化建设是重要的影响因素。因此，为深化综合行政执法队伍规范化建设，综合执法局结合龙游实际，在龙洲、东华、湖镇、溪口、小南海、塔石等集中赋权镇、街道深化具有"龙游味"的"1+X"区域综合行政执法模式，进一步统筹整合基层执法力量，进一步实现行政执法队伍"瘦身、强体、提质、增效"，实质性突破、系统性进展，推动"大综合一体化"行政执法改革迈上新台阶。

（一）进一步规范执法业务

为进一步规范执法业务，主要从执法协作、执法过程、立卷归档三个方面进行完善。

一是规范执法的协作流程。有效依托基层治理"四个平台"，建立执法联动、执法协作、专项整治等工作机制，有效遏制和破解辖区内热难点问题。[②] 严格落实错时执勤制度，抓好重点时段、重点路段、重点区域的执法管理。双休日、节假日、重大保障活动期间要合理安排执勤力量，建立主要管控区域网格化执法巡查机制，落实举报投诉半小时现场处置承诺制，携带装备要规范，执法人员在执法执勤时，应随身随车携带必要的执法文书和装备，保障现场执法检查、调查取证、快速检测、应急处置等工作需要。信访投诉处理要及时。严格执行信访工作制度，信访、投诉受理处置登记详细、按时反馈率达100%。热情接待来访群众，确保"件件有着落，事事有回音"。创新执法方式，推行非现场执法工作，减少执法冲突，提高执法效率，拓宽执法领域。执法服务要暖心。

二是规范执法的具体过程。严格落实执法公示、执法全过程记录、重大

[①] 马彦琳、刘建平：《现代城市管理学》，科学出版社2006年版，第125页。

[②] 陈博维：《对自媒体时代下提升城管形象的思考》，《新闻研究导刊》，2018年第9期。

执法决定法制审核三项制度，严格执行自由裁量基准，依法依规查处违法行为。[①]要不断提升案件质量，案件办理主体认定正确、事实证据确凿、适用法律准确、办案程序合法、行政处罚适当、理由说明充分，杜绝假案、错案。[②]执法文书要规范，要使用全省统一的执法文书，文书格式统一、内容完整、表述清楚、用语规范、书写工整。不断提升办案能力，熟练使用综

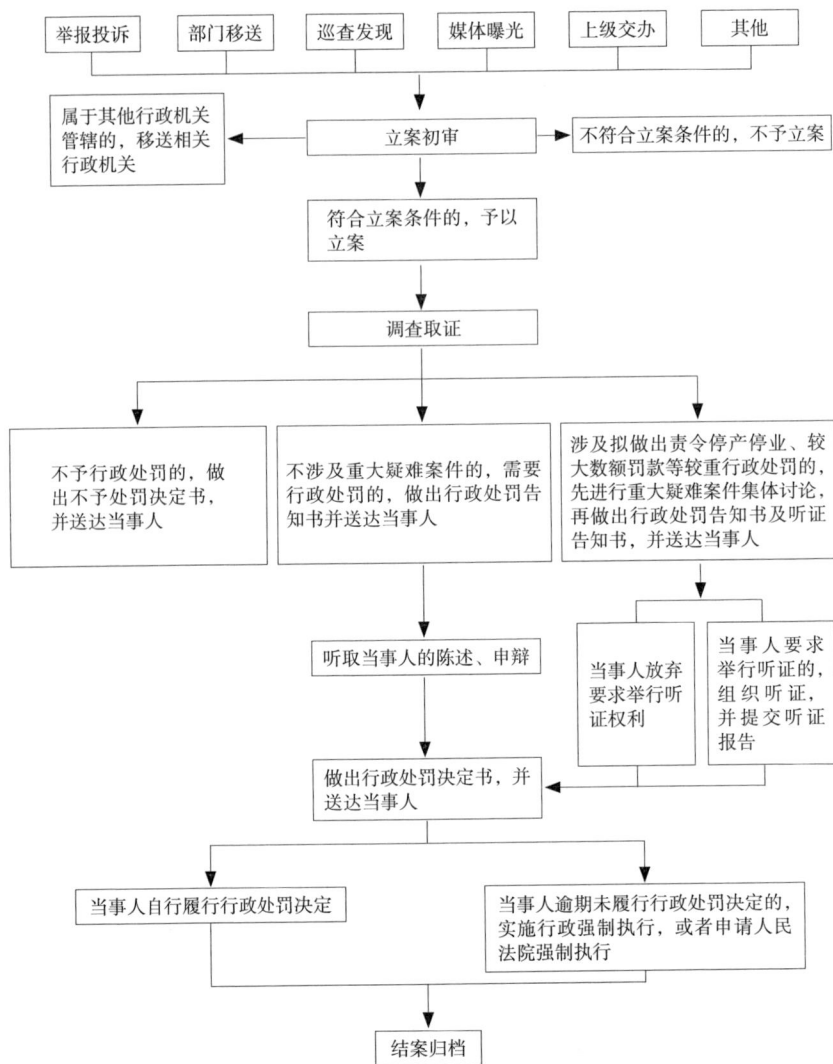

图10 综合行政执法安全办理流程图（普通程序）

---

① 储厚冰：《浙江省综合行政执法改革的实践与思考》，《中国司法》，2019年第11期。

② 范君：《温州市综合行政执法改革工作难点与对策研究》，《四川师范大学学报》，2018年第3期。

合行政执法网上办案系统，做到人人会办案，普通程序案件每月人均不少于2件，全面履行综合行政执法行政处罚职权。暂扣罚没物品处理要严格，要依法实施先行登记保存或者查封、扣押等措施，对先行登记保存或者查封、扣押的物品应及时移交暂扣罚没物品库妥善保管。

暂扣罚没物品库由专人负责管理，出入库物品须登记翔实、并定期对物品处理情况进行公示。

三是规范执法材料的整理和归档。严格依照《浙江省行政执法文书材料立卷规范（试行）》有关规定，及时整理、立卷，做到"一案一号"，材料齐全、编排有序、目录清楚、装订规范[①]。应急处置要及时，严格落实应急处置工作机制，配备应急处置力量，积极参与区域性应急保障任务，快速有效处置突发性事件。

（二）加强视觉形象的规范管理

上海交通大学韩志明在《守护城市家园：中国城管执法40年》一书中提出了"城管人主动的自我救赎"这一观点，全国许多省市城管部门都制定和出台了城管执法方面的行为规范，各项禁令所明令禁止的现象或行为，恰好也正是城管执法工作中最为突出的问题。一些城管在网上为自我正名，试图向社会展示真实的城管，反映了城管人的反省与觉悟，有利于从整体上塑造和改进城管队伍的社会形象。[②] 所以，为了更好地提升城市管理工作人员的社会形象，不仅需要加强工作流程的规范化，还需要提升视觉形象的规范化水平，而视觉形象主要是从场所设施、通用标识和人员着装三个方面进行规范管理。

一是规范执法机构的设施。执法队场所设施整体规划、装修装饰时，在外观设计上要求简洁大方，与周边环境相协调，在内部装饰及物品摆放上要求整齐统一，树立综合行政执法队伍的良好形象。[③] 整体外观、式样执行

---

① 范美楠：《如何加强城市管理行政执法队伍建设的研究》，《科技视界》，2018年第32期。
② 韩志明：《守护城市家园：中国城管执法40年》，上海交通大学出版社2019年版，第36页。
③ 陈艺：《国外城市管理行政执法比较研究》，《城市发展研究》，2018年第25期。

《浙江省综合行政执法系统视觉形象识别系统 VIS》。办公场所外观根据办公场所外立面实际情况，参照《浙江省综合行政执法系统视觉形象识别系统 VIS》第 28 页布置。外立面贴近地面蓝色装饰带宽为 60~80 厘米；窗台上、下沿等部位蓝色装饰带宽为 8~12 厘米；屋顶蓝色装饰带宽一般为 30~35 厘米。执法队徽标根据门楣实际规格，徽标上、下留有一定比例的空间，徽标直径与门楣高度比例不超过 80%。

二是规范办公区域的通用标识。办公区标识牌制作时要严格按照规范执行，形成统一识别。式样参照《浙江省综合行政执法系统视觉形象识别系统》第 23 页。岗位职责（工作制度）牌设置须考虑到建筑物及室内视觉环境，以机关形象、标准色为基础进行标准化设计，式样参照《浙江省综合行政执法系统视觉形象识别系统》第 65 页。人员去向牌高度在实际使用中可视情况而定。

三是规范人员的着装。要严格参照《住房城乡建设部 财政部关于印发城市管理执法制式服装和标志标识供应管理办法的通知》（建督〔2017〕31 号）和《关于全面加强市县综合行政执法部门规范化建设的意见》（浙建综执〔2017〕111 号），综合行政执法队在编在岗执法人员统一着全国统一的城市管理执法制式服装，佩戴综合行政执法队的标志标识。[①] 执法人员在工作时间应当按规定着执法制式服装。退休、调离的执法人员，应将标志标识交回所在单位；被辞退、开除及辞职的执法人员，由所在单位收回所有制式服装和标志标识。废旧制式服装和标志标识由各综合行政执法队统一回收处理。执法人员在执行执法任务（公务）以及参加训练、劳动、抢险救灾时，通常着执勤服（夏季着外穿式制式衬衣）；参加宣誓、检阅、重大会议等活动时，除主管（主办）单位另有规定以外，着常服；在办公区，着执勤服（夏季着外穿式制式衬衣）。

（三）健全执法行为规范机制

为规范执法行为，需要建立健全相关制度和工作机制，具体来说，主要

---

① 段霁娥：《河口县税务局公务员队伍建设研究》，云南财经大学出版社 2020 年版，第 43 页。

有执法行为工作机制、执法办案机制、乡镇执法审批机制和执法监督机制。

一是健全执法行为工作机制。为规范乡镇（街道）综合行政执法行为，保障乡镇（街道）综合行政执法活动得到有效实施，保护公民、法人和其他组织的合法权益，保障行政执法决定合法有效，促进严格、规范、公正、文明执法，加强党政信息互通与行政执法工作互动，提高重大行政执法活动决策质量和工作效率，统筹、推动各项执法工作高效运转，根据《中华人民共和国行政处罚法》《中华人民共和国行政强制法》《浙江省行政程序办法》等规定，结合实际，指定执法行为的工作机制，主要包括《乡镇（街道）行政执法程序规范》《乡镇（街道）重大行政执法活动党政碰头制度》《乡镇（街道）综合行政执法决定法制审核办法》《乡镇（街道）综合行政执法全过程记录工作制度》《乡镇（街道）综合行政执法调查取证和告知制度》《乡镇（街道）综合行政执法公示公开制度》。

二是健全执法办案机制。为提升案件办理质量，确保案件事实认定清楚、法律适用正确、执法程序正当、自由裁量权行使适当。[①] 同时，为及时收集乡镇（街道）各类行政违法线索，有力打击行政违法行为，进一步加强乡镇（街道）行政执法巡查力度，确保行政违法行为"早发现、早制止、早处理"，根据《中华人民共和国行政处罚法》《中华人民共和国行政复议法》等法律、法规、规章的规定，结合工作实际，制定执法办案机制。具体来说，主要包括以下相关制度和规定：《乡镇（街道）综合行政执法案件办理质量指导意见》《乡镇（街道）综合行政执法案件审批流程》《乡镇（街道）综合行政执法出庭应诉和参加行政复议听证会工作制度》《乡镇（街道）综合行政执法案卷管理规定》《乡镇（街道）综合行政执法日常巡察制度》《乡镇（街道）综合行政执法涉案物品管理制度》《乡镇（街道）综合行政执法办案工作保密规定》。

三是健全乡镇执法审批机制。为进一步规范乡镇（街道）综合行政执法案件的审核审批流程，需要严格按照图11来执行。

---

① 戴文章：《基于人力资源管理视角的城管执法研究》，《民营科技》，2018年第5期。

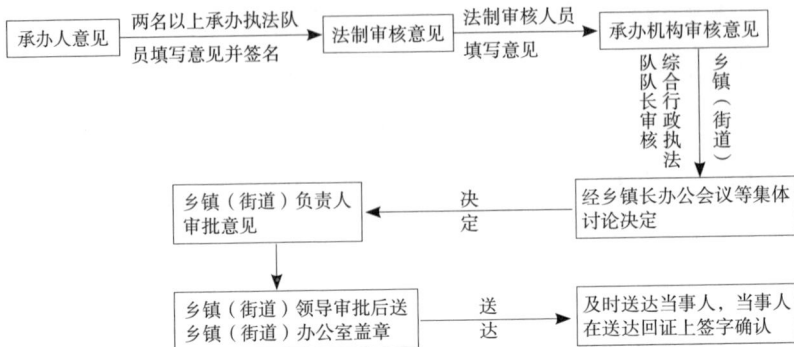

图 11　乡镇（街道）综合行政执法案件审批流程图

乡镇（街道）在办理综合行政执法案件时，内部审批表"承办人意见"栏由两名以上具有执法资格的承办人员填写并签名，"法制审核意见"栏由乡镇（街道）法制审核人员填写并签名，"承办机构审核意见"栏由所在乡镇（街道）综合行政执法队队长填写并签名，"乡镇（街道）负责人审批意见"栏由乡镇（街道）主要负责人审批，审批意见签署后，送乡镇（街道）办公室盖乡镇（街道）公章。盖章后的执法文书及时送达当事人，并在送达回证上签名。

四是健全执法监督机制。为全面落实乡镇（街道）综合行政执法责任制，规范和监督乡镇（街道）综合行政执法及行政执法人员依法履行职责，保护公民、法人和其他组织的合法权益，防止工作人员干预办案，确保公正廉洁执法，进一步减少行政违法案件的发生、降低违法程度，促进执法与审批、监管无缝衔接，充分发挥综合行政执法检查建议的作用，根据《中共中央关于全面推进依法治国若干重大问题的决定》有关要求和有关法律、法规规定，结合实际，制定执法监督机制，主要包括《乡镇（街道）综合行政执法责任追究办法》《乡镇（街道）依法行政风险防控若干规定》《乡镇（街道）综合行政执法检查建议规定》。

二、综合行政执法队伍规范化建设的主要成效

通过对执法业务进行规范化管理，推动执法协作、执法过程和立卷归档的规范化；通过视觉形象规范化管理，推动场所设施、通用标识和人员着装

实现规范化；通过执法行为规范化管理，不断健全执法行为工作机制、执法办案机制、乡镇执法审批机制和执法监督机制，综合行政执法队伍规范化建设取得了显著成效。

（一）执法队伍更加规范

通过开展执法队伍建设，综合执法局探索构建了"1+X"区域综合行政执法模式，与县委组织部、县委编办、县综合执法局联合印发《关于进一步加强"1+X"区域综合行政执法模式的实施意见》，通过优化派驻机构组织架构，贯通执法机制，实现编制人员"双锁定"，建立执法队员联系辐射乡镇模式，利用"固定＋灵活"的方式，确保乡镇吹哨，执法队员可以第一时间报到。为进一步规范执法队伍，先后投入 520 万元和 360 余万元完成湖镇、东华及溪口三支执法队场地改造、设备更新、数字化建设等方面升级改造；启动"综合飞一次"巡查模式，通过将违法建设、非法盗采、两非巡检等"1+5"违法事项纳入"飞一次"清单，有效延伸执法监管的维度，今年以来，已提供有效研判线索 850 余条，切实提升了执法的智能化、数字化、科学化、规范化水平。比如，通过执法队伍的规范化管理，小南海镇严格实行网格人员实行轮岗制，一年轮换调整一次，提升了执法效率。上半年共清理辖区内企业乱堆放生活、建筑垃圾 100 余处；清理乱粘贴小广告、破损横幅、一店多招 2250 余处；清理流动摊共计 940 余处；道路、人行道机动车违停劝导 2170 余辆次。修改完善《更换店招备案表》《沿街店铺促销备案表》《建筑废土处置申请表》《开发区道路（管线）挖掘申请表》等各种表格，做到园区的活动、施工项目事前备案、事中监督、事后检查，形成闭环管理，并做好登记。

（二）执法能力显著提升

通过政府购买服务的方式，与衢州交通学校合作，建立集训基地，常态化开展培训，按照年度培训大纲，打造"点线面网"立体式执法队伍培训体系，为执法干部充电蓄能，塑造全科执法队伍。[1]首先，外练筋骨塑形象，通过

---

① 戴晋媛：《精细化管理视角下的城市管理综合执法体制优化研究》，天津商业大学硕士论文，2019年，第36页。

站军姿、强体能等标准化、规范化的训练进一步增强了执法队员吃苦耐劳、雷厉风行、令行禁止的作风，提升队伍凝聚力、战斗力和执行力，树立敬业奉献、文明执法、为民服务的良好形象；其次，内学理论强素质，通过邀请多领域行政执法部门的骨干精英对各部门专业法律法规、业务实操等进行深入学习交流，通过模拟现场等生动灵活的授课方式，让执法人员在专业素养、执法技能、法律知识储备等方面得到了充实和更新，掌握了执法工作要领，为今后高效规范的执法工作奠定了良好基础。最后，线上线下联动部署，建立"专家库"和"案例共享平台"，依托集训基地建设，线下建立行政法学"专家库"把博士、专家等高端人才和专业技术引入执法系统，发挥高端人才在重大案件法治宣传、法律咨询等法学实践作用。线上建立"案例共享平台"，今年以来，执法局已办理涉及水利、消防、农业农村、林业、市监等新领域划转案件 66 件，新领域覆盖率达 75%，案件同比增长 35%，在此基础上，建立执法案例库，对日常执法办案中从未涉及的领域，编制新领域划转事项执法案例，以"清单式"指引案件办理，通过标注执法办案流程、文书制作范本、案例典型意义等内容，为基层执法队员搭建一个能实现案例共享、学习交流的平台。比如，东华街道以执法办案为抓手，不断提升执法办案能力水平。在重大节假日、活动、中高考期间，重点抓好公共广场、主要干道、公园等重点部位的城市执法管理，加强城东建筑工地夜间施工、运输车辆抛洒滴漏等行为的管控力度，切实维护城区环境秩序。

（三）专业水平不断提高

为进一步提升执法队伍的专业能力和水平，执法局建设了法学博士工作站，进一步探索区域人才资源共享新路径。建立了行政法学"专家库"，实现高层次人才法律服务触角向基层延伸和普及。发挥高端人才在重大案件法治宣传、法律咨询等法学实践作用，以"执法出题＋专家解题"模式，推动重大疑难案件"打包办"、高频事项"提速办"，"精准破题＋双向认领"促使法学科研成果及时转化应用。为进一步提升执业水平，按照"三学两训"要求，推进执法培训常态化，把纪律作风建设和执法业务培训放在更加突出的位置，以实用实效、全员办案为导向，制定年度执法培训大纲，下一步对划转的文化旅游、应急管理、生态环境、发展改革等新领域执法事项进行培训全覆盖，打造一支敢办案、会办案、办铁案的综合执法铁军队伍。

不仅如此，通过多部门联动，调动相关部门的工作积极性，更好利用不同部门的专业特色，县综合执法局与乡镇执法队伍凝聚工作合力，与有关部门开展专业化的专项行动，提升执法的专业化水平。比如，小南海（经济开发区）分局在2022年上半年与多部门联合爆竹经营点开展检查，发现问题2家，现场要求其立即整改；联合县文广旅体局进行执法检查，拆除并没收违规信号设备9个；联合市监对城北辖区沿街饭店进行安装燃气报警器的推广和宣传，截至6月30日，共摸排83家，已经安装报警器60家，待安装2家，关门停业转让的15家，不使用燃气6家；配合县政府督查室，联合县应急管理局、经济开发区、资规局、消防大队等单位对第一轮安全生产综合检查和第三轮省"除险保安"暗访检查发现问题整改情况开展督查工作，要求各企业负责人根据问题落实整改责任和措施；联合市监局、环保局赶赴模环乡童家自然村废品处理站，配合模环乡政府联合执法，执法的专业化水平得到显著提升。

三、综合行政执法队伍规范化建设的重要经验

龙游县的执法队伍规范化建设在三个方面取得了显著成效，主要体现在执法队伍更加规范、执法能力显著提升和专业水平不断提高。这也为其他地区的执法队伍规范化建设提供了两点启示：坚持党建统领、坚持数字化改革引领。

（一）坚持党建统领

龙游县在执法队伍规范化建设的过程中，始终坚持党建统领，班子以身作则，提升政治思想、提高站位，发扬"头雁"精神，带头坚持实干担当，带头保持清廉本色，带头发扬团结协作精神，增强队伍凝聚力，根据全市"大综合一体化"行政执法改革推进会工作部署，为建设共同富裕示范区夯实基

础。不断完善考勤制度、值班制度、请销假制度、绩效考核制度，严格日常管理；强化督查，对发现的薄弱环节查漏补缺，加以整改，提升工作实效性；注重沟通，加强班子成员与基层执法人员的沟通交流，在交谈中了解并帮助其解决工作难题；推进基层中队规范化建设，优化硬件配置，规范台账制作。利用工作例会、周一夜学、集中培训等，强化分局干部职工对政策法规、廉洁教育、纪律作风等的学习，从抓纪律、转作风、强素质、树形象入手，系统全方位落实常态化学习，提升队伍整体政治素养。调整网格人员，完善考核细则；实行案件线索上报积分制，直接挂钩月度考核奖，提高队员上报案件线索的积极性；严格落实"岗前列队，岗后讲评"制度，做好工作交接。严格实行网格化管理责任制，把开发区分为城南、城北两个片区，再细化网格，一般问题由网格员负责处理，处理不了的问题上报分局协调处理，把责任落实到每一个人。

（二）坚持以数字赋能数字化改革为牵引

龙游县在执法队伍改革的过程中，充分以数字化改革为牵引，对执法的办公场所和设备等地进行数字化改造，提升执法人员的办事效率。加快打通乡镇（街道）四个平台与县级"大综合一体化"执法监管指挥平台及各部门平台数据，实现执法全过程"一网流转"，推进"监督＋执法"一张网。镇（街道）综合行政执法队对接"141"工作体系，熟练掌握"基层治理四平台""一件事"运作机制，制定综合行政执法队执法操作手册，形成基层治理标准化执法；探索"两机"监管（无人机、对讲机），建立数据信息互通，"证据共享"，推动执法监督互利共生良性循环。镇（街道）综合行政执法队协调辖区内监管与执法活动，制订赋权镇（街道）和辐射乡镇全年或阶段性联合执法计划，落实多跨领域联合执法，切实推动"综合查一次"高效落地，提升执法的数字化水平。

第四节 法制审核的江山实践

加强法制审核制度建设，是完善行政执法程序，推动严格、规范、公正执法的重要内容。自今年浙江省成为全国唯一的"大综合一体化"行政执法改革国家试点以来，江山市积极建立完善综合行政执法事项法制审核机制，强化"大综合一体化"改革法治保障，提升"大综合一体化"改革效能。

一、江山市行政执法改革中法制审核的具体做法

重大执法决定法制审核制度是"行政执法机关做出重大执法决定前，由其法制机构对承办机构草拟的执法决定和相关材料进行合法性及合理性审核，并出具书面审核意见供负责人参考的一种内部监督制度"。[①] "该制度的建立和推行，旨在保证重大执法决定的合法有效，是完善行政执法程序、强化行政执法监督、规范行政执法行为和提升行政执法质效的重要举措，是深入推进依法行政和加快建设法治政府的应有之义"。[②]《国务院办公厅关于全面推行行政执法公示制度执法全过程记录制度重大执法决定法制审核制度的指导意见》（国办发〔2018〕118 号）指出"行政执法机关做出重大执法决定前，要严格进行法制审核，未经法制审核或者审核未通过的，不得做出决定"。《浙江省行政程序办法》（浙江省人民政府令第 348 号）第四十四条规定："行政机关做出重大行政执法决定前，应当经法制审核。"开展重大执法决定法制审核工作，是行政法治发展的应有之义，也是建设法治政府的内在要求，同样也是行政执法领域改革的重要内容。

2022 年 3 月，浙江将"大综合一体化"行政执法改革作为重大改革项目，为全国行政执法改革提供浙江方案。衢州市作为"大综合一体化"改革中启动最早、行动最快、融合最紧、效果最好、局面最稳的城市，形成"1+5"体系，赢得省级部门大力支持，获得省领导批示肯定。江山市贺村镇在 2019年就被选为全省 5 个综合行政执法改革试点之一，率先推行"一支队伍"管

---

① 侯孟君：《重大执法决定法制审核制度的推行进路》，《行政与法》，2017年第10期。
② 侯孟君：《重大执法决定法制审核制度的实践与思考》，《中国司法》，2019年第6期。

执法改革，组建了 44 人的综合执法队伍，承担执法事项 466 项，探索乡镇执法新路径。2021 年，双塔街道等 6 个乡镇（街道）被赋权相对集中行使行政执法权，至此江山市有权开展综合行政执法工作的乡镇（街道）达到 7 个。依托乡镇（街道）司法所进行行政执法决定法制审核，是江山市"大综合一体化"行政执法改革中的一大亮点。

（一）以制度建设推进行政执法决定法制审核

从中央到地方，都有行政执法决定法制审核的要求，但是对于乡镇（街道）如何执行没有明确的制度规定。为进一步完善基层行政执法决定法制审核制度，江山市相继出台了《贯彻落实全面推行行政执法公示制度执法全过程记录制度重大执法决定法制审核制度的通知》《执法全过程记录执法公示和重大执法决定法制审核制度等工作实施方案》《律师专家参与重大行政执法案件法制审核工作办法》《江山市司法局重大行政执法决定合法性审核工作规程的通知》等文件，贺村镇、长台镇、新塘边镇等 7 个乡镇（街道）也出台了《贺村镇重大行政执法决定法制审核制度》《长台镇重大行政执法决定法制审核制度》《新塘边镇重大行政执法决定法制审核办法》等具体制度或办法，对完善基层行政执法决定法制审核建设做了制度设计。

乡镇（街道）面对繁杂的行政执法工作，如何确保执法决定合法合理，法制审核必不可少。江山市以贺村镇为试点，构建了"乡镇主审＋部门协审＋律师帮审"的"三级联动"法制审核体系，即乡镇（街道）范围内出现的违法事项明确的一般案件法制审查，由乡镇（街道）自行组织，审查机构一般为在乡镇（街道）法制工作办公室，而当前针对乡镇（街道）执法人员和法制审核人员不足的情况，以司法所作为专业法制审核机构，能在一定程度上保证法制审核的专业程度；对于重大疑难案件的法制审查，由市级案审中心牵头协调行政执法部门的法制审核力量，以及律师、法律专家共同参与解决，目前已经在市级层面组建涵盖 6 个律师团队、17 名律师专家的"法智库"，为案件提供专业法律支撑。今年以来，累计参与重大执法案件协审 30 余次，提出有效意见 70 余条，执法案件群众投诉率下降至 5%，赋权乡镇执法案件无 1 例发生复议、诉讼。

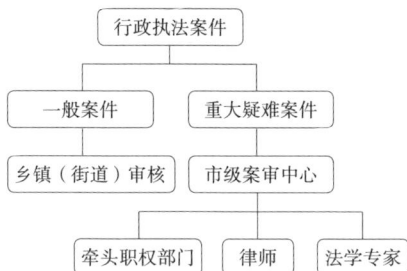

图 12 贺村镇行政执法决定法制审查流程

（二）以人才引进做大法制审核队伍

面对法制审核人员力量不足的问题，江山市通过多种途径引进人才进入法制审核员队伍。一是壮大乡镇（街道）法制审核员队伍，出台《江山市乡镇（街道）司法助理员（法治审查员）管理办法》，从乡镇（街道）调剂 30 个编制，由司法局统一招录培养具有法学专业背景的专职法制审查员，已完成 2 批次 19 人招录培训分配，实现乡镇（街道）全覆盖。二是出台公职律师激励政策，在衢州市率先出台《公职律师激励考核办法》，对从事公职律师工作予以时间、物质、精神等多维度保障：对准备参加法律职业资格考试的人员给予不低于一个月的复习时间，报销相关费用；对公职律师利用假期开展执法案件审核等法律事务的予以安排调休；对申领公职律师证并按要求履职的最高予以 2 万元奖励；对年度考核排名靠前的，纳入法治人才后备队伍，在评优评先、人才推荐、干部选拔等方面予以优先考虑。三是整合组建"协审专家库"。从综合执法局和其他五个执法单位中的公职律师、法制审核人员，以及 7 个赋权乡镇（街道）专职法制审查员共同组建"综合行政执法案件协审专家库"，由综合行政执法局案审中心统一调配使用，作为跨部门、跨领域、跨层级的协作机制。按照"乡镇（街道）提出、部门响应、县乡联动"的模式，为乡镇（街道）重大疑难案件提出线上会审、集中联审、专题协审等协同审核服务。

（三）以培训 + 实战锻炼模式提高审核工作效能

面对法制审查效率不高、法制审核人员能力不足的窘境，江山市通过多种形式提高法制审核员的能力素质。一是通过"请进来"的方式邀请高校教师、法院法官等专家为法制审核人员开展理论与实务授课，提升其专业素养；通过"走出去"的方式，组织法制审核人员参加行政诉讼案件庭审旁听活动、赴高校参加专题培训班等，提高他们运用法治思维和法治方式处理问题的能力。今年以来，共开展线上培训5场次，参训人员100余人次。二是建立轮岗锻炼工作机制，将公职律师进行分组编排，安排至司法局、综合行政执法局相关法制审核业务科室进行轮岗锻炼；开展"点对点"指导，针对每个乡镇（街道）不同的法制审核需求，对法制审核人员进行侧重点不同的指导，对经济型乡镇，加强合同审查管理制度、招商引资合同审查等方面指导，防范党委、政府法律及合同风险，对生态型乡镇，加强农村风貌治理、违法拆除等方面审查，确保基层治理依法开展。今年，江山市司法局对青年法制审查员的指导已超过200次。三是搭建"实战平台"，通过"以练代训"方式，组织公职律师等参与行政执法、诉讼、复议、调解等案件办理及处置；按季度开展赋权乡镇（街道）行政处罚案卷评查会，由公职律师、乡镇（街道）专职法制审查员共同参评，重点对乡镇（街道）行政执法案件办案质量、执法文书制作情况进行评查，截至目前累计审核案件312人次，提出意见630余条。江山市司法局制作合法性审查工作要点和工作指引，梳理各类合同范本、常用法律法规条文"口袋书"、建立完善业务"传帮带"工作机制、开展业务培训交流等系列举措，促进审查人员快速入门。

（四）以考评激励措施激发法制审核人员活力

面对乡镇（街道）法制审核人员不敢审、不愿审的心态，江山市在激发活力方面做出努力。一是在考核考评上用心。以《江山市公职律师激励考核办法》为契机，将公职律师的职责以条目式进行明确，把综合行政执法案件法制审核作为履职重点；建立公职律师及对乡镇专职法制审查员综合机制和定期排名通报，作为岗位调整和提拔任用的依据；实行分类考核，针对不同履职年限的法制审核人员进行侧重点不同的考核，如履职满3年及以上的，主要考核履职情况，围绕工作积极性和实效性进行考评；对未满3年的，实行"业务考核"与"履职考核"相结合的方式进行考评，督促新进人员加强业务学习，提升业务能力。二是保障激励机制上用力。以市级文件作为保障的基础，在工作时间方面给予合适的调休机制，如公职律师或者其他法制审核人员以休假时间提供法律服务的，应安排调休或者补休；为本单位提供决策咨询论证、规范性文件、合同起草修改审核、行政复议应诉、矛盾调处化解等法律服务所产生的相关必要费用由所在单位予以全额报销；在评选评优方面向公职律师在内的法制审核人员给予一定的倾斜，对勤勉尽责、表现优异、贡献突出的进行表彰奖励，让吃苦者吃香，有为者有位，不能因为法制审核工作有别于招商引资、项目征迁等中心工作成绩显现明显，就将专职法制审核工作人员排除在评优评先行列之外。

二、江山市行政执法改革中法制审核的实施成效

（一）积累了法制审核制度理论的实践经验

重大执法决定法制审核制度是确保行政执法机关做出的重大执法决定合法有效的关键环节。行政执法机关做出重大执法决定前，要严格进行法制审核，未经法制审核或者审核未通过的，不得做出决定。[①] 行政法的核心理念是控制和预防行政权的滥用和不合理扩张。[②] 在一定程度上来说，对"涉及重大公共利益，可能造成重大社会影响或引发社会风险，直接关系行政相对人或第三人重大权益，经过听证程序做出行政执法决定，以及案件情况疑难复杂、涉及多个法律关系的"行政决定进行合法性、合理性审查，本身就是行政机关自发约束行为，是行政自我规控理论的实证，同时也有利于降低行政机关决策的风险度。在经济学原理看来，效率也是法律所要追求的价值目标之一。行政执法决定也同样要将成本与效益贯穿其中，而"重大"两个字本身就有成本与效益的分析表现，而进行法制审核，就是

---

① 《国务院办公厅关于全面推行行政执法公示制度执法全过程记录制度重大执法决定法制审核制度的指导意见》，中华人民共和国中央人民政府网，https://www.gov.cn/，2019年1月3日。

② 林娇：《重大行政执法决定法制审核制度研究》，广东外语外贸大学硕士学位论文，2021年5月29日。

对行政执法的风险进行揭示与判断，做出的审核意见对行政执法主体来说，是可以来分析决定做出或不做出两种不同选择的不同后果的，从这个方面来说，法制审核制度充实了法经济学的理论。2021年以来，江山市各赋权乡镇（街道）共开展行政执法129件，其中简易案件32个，一般及重大案件97个，一般及重大案件法制审核率达到100%，确保了本市乡镇（街道）综合行政执法在程序上和实体上都合理、合法，有效提升基层政府依法行政能力，降低了行政成本。

（二）极大提高了行政执法效能

一是提升政府行政执法公信力。法治建设的根本目的在于保障人民的权益，建设法治政府的根本目的是造福人民、保护人民，依法行政就要做到合法行政、合理行政、程序正当、权责统一。在各种行政行为中，行政执法这个具体行政行为，是与人民群众切身利益关系最密切的，老百姓最能从日常的行政执法行为中感受到行政水平，感受到公平正义。法制审核制度的建立，能够进一步保障行政执法行为的合法合理，对当事人权益的保护也能更周全，有利于提高政府在公众心中的评价，从而提高政府的公信力，进一步维护社会稳定。乡镇（街道）政府和老百姓之间的接触是最为频繁的，群众对乡镇政府日常行为的感受也是最为直观的。因此，乡镇政府的公信力直接关系到整个政府公信力。所谓乡镇政府公信力是指"乡镇政府依靠自身所拥有的资源，依法管理社会各项事务，满足民众需求的能力，在与民众直接互动的过程中获得民众的认可和信任程度"。[①]影响乡镇政府公信力的第一个因素就是依法行政，乡镇（街道）综合行政执法中，进行法制审核，是提高依法行政能力的重要手段。江山市自开展行政执法法制审核以来，行政诉讼案件收案量连续3年负增长，2021年一审行政诉讼败诉率低至3.2%，2022年以来，全市无一审行政诉讼败诉案件。

二是降低了行政成本。对于行政成本的概念，行政学理论界的说法不一，一般来说可以分成狭义的行政成本和广义的行政成本。狭义的行政成本是指

---

① 张辉：《乡镇政府公信力状况实证研究》，广西师范学院硕士学位论文，2018年5月。

政府进行行政管理活动所产生的可量化的直接最终消费支出，是政府工作人员履行其职能所产生的显性费用。[①] 而广义的行政成本除了直接支出还应该包括决策、信息传递、执行等过程中产生的支出，是隐性费用。行政执法过程中数量最庞杂的应属执法决定，是行政机关及其公务人员经过法定程序依法做出的对行政相对人的权利义务单方面的处分行为。按照法定流程做出执法决定，本身就包含了时间、人力、物力等在内的显性和隐性成本，一旦发生了错误决定，行政成本的增加就变成难以预估的了。进行重大执法决定法制审核，就是有效避免了执法领域成本的增加，在做出执法决定之前就通过法制审核，确保决定的合法性与科学性，减少错误决定产生各种程序的回溯、人力的投入等，有效减少行政成本。

三是提高了行政效能。行政执法改革之前，行政处罚权等集中在县，而各部门又分工不同，且每个部门都存在执法力量不足的情况，"大综合一体化"改革后通过"一支队伍"的建立，极大提高了执法效能。而进行行政决定法制审核，更是让行政执法效率更高。贺村镇作为首批试点乡镇，自 2019 年赋权以来，通过队伍整合，组建成的一支 40 人综合行政执法队伍，联合整治非法采砂、无证无照、餐饮和汽修行业污染等跨部门、跨领域事项 126 起，处置时长平均缩短 3.5 天，法制审核制度实施后从执法案卷评查结果来看，案卷质量也有了明显提升。

四是提高了群众满意度。衡量政府合法性的关键主要体现在政府履行职能、管理社会的过程中，其中很大程度体现在行政执法活动中，因为行政执法与社会各个方面联系最为密切。[②] 合理行使行政执法权，有利于保障公民的权益不受侵害、满足公民的合法需求、拉近政府与公民的距离、化解社会矛盾于无形、维护社会的和谐与稳定，从而促进社会"善治"。江山市贺村镇完善《贺村镇决策事项合法性审核程序规定》，在衢州市率先实行由司法所承担乡镇合法性审核工作，将行政执法决定纳入合法性审核范围，为依法行政提供了良好的法律保障，提高政府行政执法水平，2022 年执法队共办理

---

① 伍颖：《我国行政成本的影响因素与治理策略研究》，华中农业大学硕士学位论文，2018 年 6 月。

② 陈永杰：《重大执法决定法制审核制度问题研究》，北方工业大学硕士学位论文，2022 年 6 月 4 日。

一般程序案件 72 件，法制审核率 100%，未发生一起行政复议或行政诉讼，群众的满意度得到极大提高。

三、江山市行政执法改革中法制审核存在的问题

江山市的行政执法法制审核制度建立较早，取得一定成效，但执法案件数量、质量和行使的执法事项种类上仍低于预期，贺村镇在两年多的执法实践中，实际用到的执法事项仅 22 项，占下放事项的 4.72%。从整个市级层面来看，乡镇综合行政执法案件数仅占全市总额的 1.31%，案卷质量也不够高，原因之一就是法制审核功效未完全发挥。

（一）执法事项内审机制未有效建立

综合行政执法事项及执法人员下沉，但未能同步下沉法制审核人员，导致多数乡镇并未真正设置法制办公室或明确专人负责法制审核工作。

（二）法制审核专业人才缺乏

法制审核是一项专业的工作，而目前江山市赋权乡镇（街道）执法队伍中具有法律背景和从事过行政执法经验的人员都不多，对于执法事项的承接力量凸显出不足。当前，7 个赋权乡镇法制审核人员全部依托于司法所力量开展法制审核，这些法制审核员属于司法局编制，而乡镇（街道）本身未配备持有法律执业资格证的人员。

（三）法制审核工作繁杂与审核人员单一知识储备不匹配

乡镇（街道）综合行政执法涉及的领域较为广泛，包含市容环卫、城市绿化、市政公用、教育、安全生产、文化市场、劳动保障等 26 个领域、1140 项执法事项，且部分领域专业性相对强，对执法人员及法制审核人员的整体素质要求较高，需熟知法律条款、专业名词术语、测量规范，甚至需要一定的实践经验，而当前法制审核人员单人很难掌握所有的法律法规等条款或者其他工作经验。

四、法制审核助推执法改革的未来优化路径

今年是我省"大综合一体化"行政执法改革国家试点的落地见效年、克难攻坚年、成果展示年，故要着力破解在"大综合一体化"行政执法改革中面临的困难和问题，通过法制审核来确保行政执法的准确性与合理性，提高人民群众对执法改革的满意度。

（一）在思想层面上强化法制审核的功能定位

一是继续发挥法制审核的内部规制作用。乡镇（街道）行政执法队伍要从"思想上提高对法制审核意见的重视，强化对行政行为合法性的把关"，[①]凭借法制审核程序及时发现问题，并进行落实情况的跟踪、督办、反馈和责任追究，对于法制审核意见采纳情况要全面留痕，确保有合理说明。

二是强化对行政执法的自我评估功能。根据"执法机关的法制审核人员不少于本单位执法人员总数5%"的要求，对部门下沉执法人员按比例择优转录为法制审核人员，因为执法审核人员本身就是执法队伍中的一员，应从专业角度对执法案卷进行程序、实体的审查，"确保做出的决定尽量不产生瑕疵，避免后续过程中行政纠纷的扩大化，减少行政案件败诉的风险"，[②]而不是仅仅成为"裁判者"，对执法行为做出审判。

三是培育主体的多元化思维模式。"大综合一体化"下的行政执法改革，乡镇（街道）所面临的行政执法活动与之前的部门相比，事务更繁杂、矛盾更尖锐，执法主体和法制审核主体都要充分发挥法律思维、中立思维、决策思维、换位思维等多元思维的效果，提升审核意见的客观性和准确性。

（二）在顶层设计中提升法制审核制度法律化高度

一是全面把握法制审核的原则。乡镇（街道）综合行政执法涉及的领域较为广泛，进行法制审核，必须从行政主体、适用条件、事实依据、行政程序、处理结果等全面审核。法制审核提前介入综合行政执法，对于行政相对人来

---

① 林娇:《重大行政执法决定法制审核制度研究》，广东外语外贸大学硕士学位论文，2022年5月29日。
② 张淑芳:《论行政执法中内部程序的地位》，《吉林大学社会科学学报》，2008年第1期。

说，就是多了一个柔性的保护机制。在法制审核过程中，应尽可能扮演行政执法主体与行政相对人之间的对话框，详细了解事实与法律。

二是建立法制审核人员出庭应诉制度。在行政诉讼中，行政机关负责人出庭应诉已经成为常态，但这仅仅是解决了"见官难"的问题，行政机关负责人并不能提升应诉能力，而让法制审核人员出庭应诉，能够更加从容应对执法过程中的疑难复杂问题，并对执法行为的依据和理由也更加清楚，在一定程度上能够提高应诉能力，而对法制审核人员本身来说，也是督促其不断提高法律业务能力的手段。

三是完善法制审核过程的制度。《政府信息公开条例》规定，政府信息公开应当坚持以公开为常态、不公开为例外。"政府作为信息公开的权力主体，也同样具有趋利避害的特征。政府部门会权衡公开与不公开的利弊，最大限度地规避对自身造成的危害"。[①] 行政执法中的法制审核意见，属于执法过程性的内部信息，如果公开了，容易让法制审核人员成为被攻击对象，导致审核人员不愿、不敢、不能真正畅所欲言，因此可设置审核意见信息免于公开。法制审核工作应该设置回避，如遇到与执法案件有利害关系，或者与当事人有亲属关系的，应该进行回避，既能确保案件的公正，也是保护法制审核人员的措施，避免其被迁怒。

（三）在具体实践工作中完善法制审核相关制度

一是成立相关机构，完善相关机制。"行政公正是确保行政机关行使行政权的过程和结果可以为社会一般理性人所认同、接受的所要遵循的基本原则"。[②] 在乡镇（街道）设立类似"法制工作办公室"，与司法所相互区分，既可填补无专门法制审核机构的空白，具体承担起法制审核工作任务，满足"重大行政执法决定应当由本单位法制人员进行法制审核"的要求，确保执法事项程序合法，又可以强化司法所的法律监督功能，改变又当"运动员"，又做"裁判员"的状态；强化部门间协同、县乡联动，建立健全重大行政执

[①]　王献峰：《新冠肺炎疫情下政府信息公开制度研究》，《国际公关》，2022年第10期。

[②]　章剑生：《论行政公正原则法商研究》，《中南政法学院学报》，2001年第5期。

法案件定期会商研判机制，可通过建立"线上＋线下"方式开展交流讨论，进一步厘清事项下放后责任部门与乡镇（街道）、责任部门与综合行政执法局、乡镇（街道）执法队与综合行政执法局中队等三对关系，以规范执法行为、优化执法流程，进一步增强法制审核工作合力；按照"事前指导规范""事中有效监督""事后预警提示"的要求，完善法制审核常态化监督机制，做好法制审核规范制定、执法案卷长期评查和交叉互查以及执法问题通报等工作，确保执法活动从始至终都合法合理。

二是加强法制审核人队伍建设。内部"育人"，吸收乡镇（街道）中具有法律专业背景和法学专业知识的人员进法制审核队伍，增强乡镇（街道）自身法制审核力量；积极"招人"，持续加大对法学专业人才特别是通过"法考"人员的招聘，鼓励法学专业背景人员参加法律职业资格考试，并申请办理公职律师证，持续为基层综合行政执法法制审核岗位注入"新鲜血液"；外部"挖人"，与高校、律师事务所等开展合作，特别是可通过引进第三方优秀法律服务团队，乡镇（街道）可根据实际情况采取政府购买服务方式配备驻队律师，对于重大行政执法决定、重大疑难案件等，邀请其参与论证与研判，不断增强法制审核的精准度，提升案件办理质量。

三是强化法制审核工作质效提升。充分利用现代信息手段，加快推进法制审核线上系统运行，完善"实体＋线上"互通，可通过"浙政钉办公系统"，开发法制审核通用流程，包括案件上传、材料初审、法制审核意见等，各个环节全部实现网上办，同时要在技术上打通法律顾问无法接入内网的障碍，实现法制审核人员包括法律顾问可以使用电脑或手机实现远程审核，提高法制审核工作效率；在充分发挥现有下沉人员的基础上，针对专业性较强的行政执法案件，由审核人员、法律顾问、行业专家等共同参与合法性审核，对重点疑难文件进行充分对接，充分发挥沟通协作审查合力，最大限度地预防法律隐患；建立健全法制审核平台迭代升级机制，加大工作经费投入，根据工作实际不断优化平台，同时可增加法制审核人员、法律顾问、公职律师等线上评价功能，对其法制审核数量、质量等予以评价。

第五节 包容审慎执法的常山实践

为深入贯彻习近平法治思想，常山县以"大综合一体化"行政执法改革为契机，坚持"整体政府"理念，率先突破、迭代跃升，有效利用日常监管检查、行政处罚结果等，科学合理制定分类分级标准，探索行政综合行政执法U指数，[①]实施差异化执法举措，建立覆盖事前、事中、事后全链条的新型监管执法机制，推动科学执法、精准执法、高效执法，有力提升了县域治理现代化水平。虽然常山县在"大综合一体化"行政执法改革中取得一定成绩，但在实践过程中仍存在行政执法随机性高、多层重复执法、"一刀切"执法等问题，如何在下一步的迭代升级中实现执法扰企扰民大幅减少、违法现象持续下降、法治化营商环境不断优化、人民满意度显著提升成为常山县"大综合一体化"行政执法改革的关键。

2021年8月2日，中共中央、国务院印发《法治政府建设实施纲要（2021—2025年）》中指出，要推动政府管理依法进行，推进线上线下一体化监管，完善与创新创造相适应的包容审慎监管方式。根据不同领域特点和风险程度确定监管内容、方式和频次，提高监管精准化水平。

包容审慎监管是对审慎监管原则的发展，是以包容性监管来弥补传统审慎监管的不足，是包容监管和审慎监管的平衡和统一，适用于公共风险的治理深度和强度的要求高低不等、深浅不一的领域。[②]包容审慎在执法领域的内涵包括四个层面：一是执法为民。通过包容审慎执法，把坚持党的全面领导、坚持以人民为中心的执法思想始终贯穿行政执法全过程，不断提高人民群众满意度，努力让人民群众在每一个执法行为中都能看到风清气正、从每一项执法决定中都能感受到公平正义。二是依法行政。遵循法定职责必须为，法无授权不可为，严格依照《民法典》《行政处罚法》等法律法规实施行政执法，

---

① 常山县行政综合行政执法U指数名称来源于常山县城市品牌"一切为了U"，U即代表民生，指代一切为了人民的生活。此文中的U指数意思寓意民生指数。

② 刘太刚：《从审慎监管到包容审慎监管的学理分析——基于需求溢出理论视角下的风险治理与监管》，《理论探索》，2019年第2期。

严格规范行政裁量权，防止执法不严、简单粗暴、畸轻畸重。[①] 三是寓管于服。包容审慎执法突出教育与惩戒相结合，广泛运用说服教育、劝导示范、警示告诫、指导约谈等方式开展行政执法，努力做到宽严相济、法理相融，让执法既有力度又有温度，实现政治效果、法律效果和社会效果相统一。四是改革创新。通过完善"互联网＋监管"，推行非现场监管，促进依法行政，努力做到执法效能最大化、执法成本最优化、对市场主体干扰最小化。

一、基本做法

（一）推动执法事项精准分类

根据不同领域特点、风险程度等，分类建立重点执法事项清单和一般执法事项清单，合理确定监管执法内容、方式和频次，提高监管执法精准化水平。比如，将直接涉及公共安全和人民群众生命健康等重点领域的执法事项列入重点执法事项清单，监管执法部门要适当提高监管执法比例，确保在规定周期内完成监管执法全覆盖，并可根据需要开展专项监管执法。对列入一般执法事项清单的，一般应通过"双随机、一公开"等方式实施监管检查，并鼓励非现场执法、非接触式执法等，推动监管执法数字化。

（二）建立多维评价体系

设置安全、环保、建设、劳资、卫生等评价维度，针对企业行业设置打分细则，满分为100分，设置合理的计分方法和考核方式。按照50%、30%、15%、5%的比例由高分到低分进行排名，分别为A、B、C、D级，代表颜色分别为绿、蓝、黄、红。将每个维度分数按比例扩大到100，建立多维评价图（执法U指数评分在90分以上的为绿色，75~89分的为黄色，60~74分的为橙色，60分以下的为红色）。实施执法对象分级动态管理，可进行逐级或者跨级调整。根据执法对象分级结果，对认定为绿色的执法对象实行减量执法，并对违法行为轻微并及时改正，没有造成危害后果，或初次

[①] 黄海华：《新〈行政处罚法〉制度创新的理论解析》，《行政法学研究》，2021年第6期。

违法且危害后果轻微并及时改正的，不予行政处罚。对认定为黄色的实行常规执法，开展随机抽查。对认定为橙色的实行增量执法，适当增减日常检查频次。对认定为红色的，在增量执法的基础上再加大检查频次。

（三）鼓励开展指数修复

建立"执法 U 指数"数据平台，汇集监督检查、执法检查、指数修复等信息，并进行动态更新。监管执法部门根据职责，将依法履职过程中掌握监督检查、执法检查、指数修复等信息录入执法 U 指数数据平台。鼓励执法对象通过参加公益、培训、承诺、守约、公示等方式主动修复指数，推动形成良性的循环守信生态环境。或者通过主动消除在规定期限主动消除危害后果或不良影响，通过行政复议、行政诉讼纠错，以及监管执法部门主动纠错等方式实现指数修复。

（四）强化指数结果运用

强化执法 U 指数结果运用，探索开展执法队伍、执法干部双"画像"。依托四维考评等，精准考核评价执法队伍和执法干部能力素质、履职尽责、工作作风等，每月评出排名前三的"执法 U 战队"和排名前五的"执法 U 之星"，以通过正向激励反向倒逼，推动执法主体不断挖掘潜力、持续提升能力、充分激发活力。

二、主要成效

行政处罚有两个目的：惩罚和预防。惩罚与预防并非并列关系，惩罚是对行政处罚的前提性限制，而预防是对行政处罚的价值性追求。[①] 行政执法的价值也绝非"为罚而罚"，而是在惩罚的同时达到预防违法的实际效果。[②] 基于此背景下，常山县深入开展"大综合一体化"行政执法改革省级试点工作，通过创新推广"执法 U 指数"做法，将大数据技术引入到执法工作，对执法对象精准"画像"，科学赋分，四色管理，助推行政执法更加精准高效，

---

① 张红：《行政罚款设定方式研究》，《中国法学》，2020 年第5期。

② 陈书笋：《行政执法绩效评估指标研究》，《社会科学》，2014 年第3期。

极大提升县域行政执法水平。

（一）实现了执法对象的精准聚焦

以权力事项为基础，通过归集各部门监管执法数据，以监管检查、行政处罚、信用建设、社会影响、其他处罚五个模块给执法对象进行精准"画像"。精准选取柚香城商圈等重点区域，校外培训机构、养老机构、网吧、瓶装燃气经营等多个重点监管执法领域的 5601 家执法对象作为试点，推动行政执法分级分类监管。并且结合不同领域、不同业态个性特点，将执法对象划分为"绿色、黄色、橙色、红色"四个等级，目前绿色商家 3349 家、黄色商家 2127 家、橙色商家 81 家、红色商家 44 家，实现对执法对象的精准聚焦。

（二）增强了执法对象的幸福感

执法需把握好包容审慎原则。所谓"包容"，就是对那些未知大于已知的新业态采取包容态度；所谓"审慎"有两层含义，一是要给一个"观察期"，二是严守安全底线，对严重违法行为坚决依法打击。因此，常山县根据"绿色、黄色、橙色、红色"四个等级，监管部门针对性采取绿色巩固、黄色提升、橙色督导、红色整治、解决多头多层重复执法等"扰民问题"。为实施监管对象激励与惩戒，将"执法 U 指数"评价结果与"双随机、一公开""综合查一次"等监管活动中有机融合，针对评价对象不同风险等级采取差异化监管措施，将红色等级列为重点监管对象，强化日常监管频率，推动联合监管格局。探索对绿色等级对象实行轻微违法首违不罚等包容审慎监管举措，正向激励诚实守信、遵法守法，目前已有百余位执法对象享受了轻微违法首违不罚的政策红利。探索建立"执法 U 指数修复"机制，制定了《执法 U 指数修复暂行办法》，鼓励黄色、橙色、红色对象通过整改、公益、守约等形式快速修复指数，推动形成循环守信良性生态环境。强化监管，探索对红色等级对象加强监管的力度与幅度，运用"综合查一次""综合飞一次"、数字化监管等手段，在减少打扰对象的基础上，强化监管力度与举措，督促执法对象做好工作。

（三）降低了行政执法成本

行政执法成本从纵向方面来看是为了法律准确实施进行的前期宣传、机构设置、人员配备、执法监督以及相关具体行政行为等的投入；从横向方面来看是指从侦破、逮捕到惩罚，即罚款、监禁过程的投入之间的成本。[①]"执法 U 指数"评价将执法对象和处罚制度具体化和明确化，为行政执法人员提供基本遵循，有助于帮助行政执法人员明确执法标准，按照既定规范化流程快速办理手续，同时因免除了当事人可能遭受的惩戒，减轻了执法阻力，避免了行政争议，从而提升效能。让行政机关对小案件的办理更加迅速，也有利于执法资源向重大案件倾斜，在整体上提高执法效率。[②]

（四）优化了县域营商环境

营商环境是企业等市场主体在市场经济活动中所涉及的体制机制性因素和条件，其优劣直接影响市场主体的兴衰、生产要素的聚散、发展动力的强弱。[③]"执法 U 指数"的构建与推行是优化营商环境的现实需求。2019 年 10 月 22 日颁布的《优化营商环境条例》聚焦于"放管服"改革，明确优化营商环境应坚持市场化、法治化、国际化的原则，涵盖市场主体保护、优化市场环境、公开政务服务、创新监管执法、强化法治保障等内容。综合行政 U 指数从制度层面为优化营商环境提供了更有力的保障和支撑，在规定期限内，动态调整执法对象"四色分类"，执法对象也能够获得更为清晰的法律指引，感受"执法的温度"，从而专注于创新发展，进一步优化营商环境，激发市场活力，建设更高水平开放型经济新体制。

三、经验启示

（一）科学划分职能范围

综合行政执法改革涉及众多主管部门的职责分工和调整，相关部门在执

[①] 程然：《执法成本的经济学分析》，《市场经济与价格》，2015 年第 12 期。

[②] 王贵松：《行政裁量的构造与审查》，中国人民大学出版社 2016 年版，第 117 页。

[③] 姜明安：《新时代法治政府建设与营商环境改善》，《中共中央党校学报》，2019 年第 5 期。

法事项划转过程中存在争议和分歧也是在所难免的。由于行政执法涉及领域十分广泛，内容也不尽相同。考虑到改革落地初期，综合行政执法部门往往只能执行一些容易上手的、发生频率较高的执法事项。为了规避疑难问题、重大争议的不断出现，执法事项划转工作需要科学研判，分批进行。

一是规范执法事项目录。以浙江省综合行政执法事项统一目录为基础，结合常山县的经济发展水平和产业类型等特征，对执法事项按照执法频率、专业程度、需求量进行分类梳理，制定综合执法事项目录和部分专业领域执法事项目录。对于综合执法事项目录里的执法事项要坚持应纳尽纳的原则，而对专业领域的执法事项则需待日后时机成熟时进行跨部门、跨领域调整划转。[①] 在完成执法事项的集中划转后，使得监管与处罚相对分离，进一步明确监管和执法的权限边界，彻底扭转"管罚一体"的执法模式，避免执法主体越位、错位问题。

二是明晰职责边界。在推进综合行政执法改革进程中最重要的一个环节就是对执法权限的梳理和对执法事项的划转，即明确划分各个层级、综合执法队伍的执法职能范围。从明确职能边界着手。考虑到市场监管、生态环境、文化市场等领域的专业执法事项，目前只能部分划转至综合行政执法部门，所以实际情况要比预期的复杂。此时，在明确执法事项划转的同时也要着重考虑两个单位职责边界是否清晰，以便及时根据职能的变动做出相应的调整。只有明确职责边界，才能避免部门之间出现执法盲区或交叉执法区，真正提高政府部门的执法效能。

（二）有效整合执法力量

为了有效解放出大量的可塑性较强的年轻干部充实一线执法队伍，让城市管理职能实行市场化运作，使得县综合行政执法部门从繁重的城市管理职能任务中解放出来，从而让执法部门的机动中队及其派驻中队聚焦执法主业，更加集中精力开展执法工作，整合执法力量更显得尤为迫切。

一是管执分离有利于提高监管效能。监管职能和行政执法职能的分离将

---

① 刘国乾：《效能导向的综合执法改革原理与操作》，《法学家》，2020年第6期。

大大减轻综合执法部门的工作压力。执法部门能够将更多的精力放在执法工作中去，提高执法水平，建立良性的执法工作环境。[①] 目前浙江省内的综合行政执法部门绝大部分都是以城市管理综合行政执法为班底组建的，承担繁重的城市管理的职能，平时要消耗大量的精力去履行城市管理的职能，常山县综合行政执法局也同样面临着十分严峻的问题。因此，综合行政执法部门可以与其他业务主管部门建立协调联动机制，适当剥离城市管理以及其他非行政执法职能。

二是执法力量下沉一线。将执法力量向基层和一线倾斜，保持一线执法队员人数占编制职数的 80% 以上。一方面，在将执法力量下沉到乡镇一线的同时，还要保障下沉一线的执法队伍具有过硬的综合素质，保证执法力量的即战力。另一方面，在整合新增执法事项的同时，要同步实施编制数的划转工作，确保执法力量和装备同步衔接，如改革过程中可能因编制数、执法队员能力不足而面临不利局面，必须采取及时有效的方式来寻求解决办法以保证执法队伍的即战力，比如通过劳务派遣招聘方式聘用的部分执法辅助人员，给予一线执法队员部分特殊政策支持或开展业务能力培训活动等。

（三）提高执法综合能力

综合行政执法改革完成后，新组建完成的综合执法队伍执法能力能否驾驭众多执法事项是评价综合行政执法改革成效的关键因素。

一是提升执法人员专业水平。建立健全执法队伍规范化管理制度，加强执法人员待遇保障，[②] 从执法制度建设、智慧执法应用、执法能力提升、执法基础保障等方面入手，统筹推进行政执法队伍规范化建设，全面打造规范化、标准化、数字化、现代化的行政执法队伍。

一方面创新能力素质提升平台。成立行政执法培训中心，创新"集中时间线下学＋碎片时间线上学"模式，开发执法 App 学习平台，强化自主学习；建立星级评定机制，根据每月理论测试、半年竞赛、年终比武、工作实绩等

---

① 逯鹰：《探索扁平高效"局队合一"执法体制打造综合行政执法改革新模式》，《中国机构改革与管理》，2021年第6期。

② 谭宗泽、杨抒见：《综合行政执法运行保障机制建构》，《重庆社会科学》，2019年第10期。

内容，对执法队员开展星级评定。另一方面实施执法队伍能力提升工程。加强对行政执法人员法律知识和业务技能的培训，开展以会代训、专题培训、业务轮训、导师帮带、岗位练兵、上挂下派等，不断提升执法业务水平。进一步优化常山县综合行政执法局百分制考核细则，以自主学习为导向，鼓励广大执法人员积极学习法律知识，营造浓厚的学习氛围。

二是加强执法人员待遇保障。加强执法人员待遇保障，从执法制度建设、执法能力提升、智慧执法应用、执法基础保障等方面统筹推进综合行政执法队伍正规化建设，树立综合行政执法队伍新面貌。推动在执法着装、标志标识、执法行为、技能培训等方面规范统一。健全综合行政执法活动经费保障机制，保障综合行政执法装备、平台建设和素质提升培训等方面投入。

第六节　生态综治的开化实践

全球治理是应对全球共同利益挑战的重要组成部分，全球化时代，物质资料极大丰富的同时也出现了生态破坏、环境污染、资源短缺、生物多样性锐减等一系列生态环境问题，生态治理刻不容缓。[①] 习近平总书记也特别强调，"生态环境是人类生存最为基础的条件，是我国持续发展最为重要的基础"，"生态环境没有替代品，用之不觉，失之难存"。[②] 对此，中国从立足探索自身的生态治理以助力于全球的生态治理。"大综合一体化"作为我国社会治理的重要改革创新，涉及各个领域，包括生态领域。2022年2月，浙江省委、省政府印发的《浙江省加快推进"大综合一体化"行政执法改革试点工作方案》明确指出要"推动'一支队伍管执法'向园区、站区、国家公园等延伸"。2022年6月，国家林业和草原局印发的《国家公园管理暂行办法》也明确提出，"支持公安机关、海警机构、生态环境综合执法机构等单位在

---

① 刘海霞、周亚金：《全球生态治理的困境与中国方案的构建》，《西南交通大学学报（社会科学版）》，2022年9月17日。

② 中共中央文献研究室：《习近平关于社会主义生态文明建设论述摘编》，中央文献出版社2017年版，第13页。

国家公园设置派出机构，依法查处违法行为"，"国家公园管理机构应当对破坏国家公园生态环境、自然资源和人文资源的违法违规行为予以制止"。基于此，开化县作为长三角发达地区唯一的国家公园城市，担负着地域性生态治理的伟大使命，依托钱江源国家公园的特色和优势，探索创新出"融治理"的生态综合治理的改革模式。该模式从生态治理的视角，聚焦国家公园覆盖及辐射区的生态破坏的违法问题，以"融"为方式创新，为跨区域的生态综合治理提供开化经验，打造开化样本。虽然探索时间较短，取得的成效也不多，但这种具有地方特色的实践探索对于丰富全国生态治理领域的研究也具有一定的理论和现实意义。

一、国家公园生态综合治理的基本做法及成效

系统观念是一种重要的思维工作方法，系统观念之于改革而言，要注重改革的系统性、整体性、协同性，加强顶层设计和整体谋划。[1]开化基于国家公园的生态"融治理"作为"大综合一体化"在生态治理上的创新改革模式，注重治理方法和手段的系统性，以"融"为方式创新，力图实现系统性的生态治理。融，即全面整合之意，"融治理"则通过对治理主体、治理机制、治理数据、治理业务等的全面整合以实现对治理对象的系统性治理。

（一）基本做法

一是以"融主体"推进治理力量集中化。联合国开发计划署发布的《对人类可持续的发展、管理的发展的治理以及治理的分工》报告对治理的主体和方式等有更加明确的思考，认为社会通过国家、市民社会和私人部门的互动来管理经济、政治和社会事务，治理由制度和过程组成。[2]生态治理是一项系统而复杂的工程，它需要建立起以政府为主导的多元主体参与的生态治

---

① 张子荣：《习近平生态治理观的历史底蕴和现实价值》，《学校党建和思想教育》，2022年第11期。

② UN："GovernanceIndicators:AUsersGuide，"http://www.undp.org /oslocentre//docs07 /undp-users_guide_online_version.pdf，2013年10月23日。

理模式。[1] 可见，治理的主体具有多元性的特点。对此，开化县围绕国家公园的生态"融治理"通过对治理主体的融合，试图实现治理力量的集中化。一是联通横向治理机构。将全县 13 家执法机构打通重组，形成"1+5"执法架构，根据涉改部门的执法权限进行梳理，厘清职责边界。二是下沉执法力量。一方面，选优配强乡镇综合行政执法队，同步整合综合执法、市场监管、交通运输、应急管理、卫生健康等部门，下沉行政执法力量，下沉率达到 73.15%，实现中心乡镇派驻全覆盖；另一方面，加派 7 名精干力量入驻钱江源国家公园体制试点区，重点针对 252 平方公里的试点区域联动开展日常巡查和联合执法。

二是以"融机制"促进治理效应显著化。机制融合作为机制创新，能解决行政分割、部门分割等问题。[2] 一是建立纵向贯通机制。按照"1+X"执法架构，由一个中心乡镇辐射周边小乡镇，实现执法全覆盖，同步建立"130"行政执法一叫就响机制，对需要处置的重大事项、突发事件，由指挥室发出指令，1 分钟内做出回应，"一支队伍"30 分钟内集结完毕。二是建立横向联通机制。按照"1+5"横向执法体系，建立争议协调机制、案件移送机制，出台"综合查一次"实施办法，开展联动执法。同时，协调联动钱江源国家公园执法队和属地派出所等执法力量，与江西、安徽等毗邻地区探索"环国家公园"执法协作，筑牢钱江源国家公园生态保护法治屏障。

三是以"融数据"推进监管智慧化。数据在具备传统要素功能的同时也具备非传统要素的新特征，融合性则是其新发展的核心特征之一。[3] 开化县对国家公园生态的综合治理以"融"为创新方式，试图通过将问题、执法等数据融合，形成智慧监管。一是融合信息。依托融入"141 体系"、县级社会治理中心，实现问题来源一个入口、问题交办一个出口；与基层治理四平

① 樊华：《我国生态治理现代化多元主体协同共治研究》，《齐齐哈尔大学学报（哲学社会科学版）》，2022 年第 4 期。

② 陈建国、毛寿龙：《服务对象需求、治理机制融合与税务机构改革》，《江苏行政学院学报》，2021 年第 5 期。

③ 张昕蔚、蒋长流：《数据的要素化过程及其与传统产业数字化的融合机制研究》，《上海经济研究》，2021 年第 3 期。

台数据打通，实现现场随时可视；充分利用全科网格，鼓励网格员报料，确保问题实时掌控。二是融合功能。依靠"掌上执法"手机端App、4G执法记录仪、车载GPS等执法设备，实现执法全过程记录、全过程监管、全流程闭环，通过行政执法统一指挥平台实现过程实时传输、现场实时呈现，掌上协调指挥。三是融合监管。依托"大数据公权力监督"场景应用，汇聚行政执法统一处罚系统案件数据，全流程在线运行、留痕可溯、监督预警，及时发现处置行使权利中执法标准不统一、执法流程不规范等问题，实现及时纠偏纠正。

四是以"融业务"实现治理全面化。国家公园生态综合治理的执法核心业务主要涵盖森林资源保护、动植物资源管护和生态环境治理三大类，开化县以此对"大综合一体化"行政执法改革后部门、乡镇的主要业务进行系统梳理。首先，做实专业的指导协调口。以综合行政执法指导办公室牵头做好指挥、规范、指导等工作，明确年度工作计划、重点执法事项，建立协调衔接机制，破解行政执法争议难题，抓实行政执法的规范化建设、高效化开展和纵深化推进。其次，推进案件办理统一性。统一执法办案平台，逐步推进除公安外所有行政执法部门统一使用浙江省统一处罚办案系统，规范办案流程，统一执法文书；建立全县案例数据库，提升统一法律适用、规范裁量权行使的数智应用水平，解决实践中执法人员检索案例无效信息较多、裁量权过大难以确定等问题。再次，建立跨界治理协同性。突破地域、层级和领域限制，重点围绕钱江源国家公园试点区森林资源保护、动植物资源管护和环境治理，推进"综合查一次"联合执法，变"各管一事"为"协同共管"，着力解决生态环境突出问题。

（二）成效

一是体制机制不断完善。依托国家公园的生态融治理改革，初步构建出纵横联通的执法管理体制，对执法区域实现了全覆盖。同时，依托运行机制、保障机制的不断完善，使改革执法行为得以高效运行。

二是行政效率不断提高。行政执法涉及综合执法、公安、林业、环保等单位，往往难以对生态违法行为快速进行精准打击。现在信息归集到社会治理中心平台，力量集中调派、案件联合办理，实现了最多看一次现场，大大提高行政执法效率。

三是执法改革效应不断显现。目前，开化县国家公园的生态综合治理改革自 2022 年 4 月运行以来，已开展联合执法 11 次，打击各类违法行为 90 余起，实现综合执法案件同比增长 54.6%，投诉举报同比下降 42%，国家公园管理范围内跨省域案件办理时间从原来 2~3 个月缩短至 1 个月。

四是群众满意度明显提高。开化县国家公园的生态综合治理改革模式实践以来，生态违法问题处置速度加快，如针对盗伐林木、无证采砂类案件等；生态违法乱象逐渐减少，如乱砍滥伐、乱排乱倒等。针对这些生态问题的改善，群众对执法队伍的评价明显提高。

二、国家公园生态综合治理的重要经验

国家公园生态综合治理的创新模式在开化探索以来，虽然时间不长，成效也并不多，但这种跨区域的生态综合治理的模式则较为新颖，其探索经验仍然具有一定的理论价值和现实价值，特别能对国家公园所覆盖及辐射区域的生态治理问题提供一定的开化方案。

（一）构建系统性的思维模式

党的十八届三中全会强调，必须更加注重改革的系统性、整体性和协同性。[1] 开化国家公园的生态综合治理是一个跨部门、跨区域的协同治理问题。基于此，开化从国家公园生态治理的高度出发，通过系统性思维构建以目标为导向的影响因素的系统性框架，即"融主体"＋"融机制"＋"融数据"＋"融业务"。这个系统性的实践框架以"融"为创新方式，实现了治理主体、治理平台、治理机制、治理监管的有机统一，破解了"碎片化"的治理困境，提升了治理成效。

---

① 《中共中央关于全面深化改革若干重大问题的决定》，中国经济网，2013年11月18日。

（二）塑造纵横联动的执法管理体制

生态治理具备整体化和一体化的特征。[①]纵向上，推进执法力量下沉；横向上，推进执法机构重组，以此形成纵横联动的管理体制，对执法治理区域形成全覆盖。就纵向上而言，主要通过下沉执法力量对生态执法区域的中心乡镇实现全覆盖。开化国家公园生态综合治理在这方面主要通过两种路径来建立纵向管理体制：一是通过整合综合执法、市场监督、交通运输等部门，并下沉执法力量，形成乡镇综合行政执法队，对乡镇领域的生态执法形成全覆盖；二是专门加派精干力量入驻钱江源国家公园体制试点区，重点对试点区域进行联动巡查和执法。就横向上而言，打通重组同一层面的执法部门，从而形成联动的横向治理结构。开化县国家公园的生态综合治理执法改革模式打通重组了全县的 13 家执法机构，形成"1+5"的执法架构。

（三）建立执法高效的运行机制

匹配的机制是治理有效的保障，要实现生态治理的有效性，则需要对"大综合一体化"行政执法改革的配套机制进行系统重塑。开化国家公园生态综合治理的执法改革模式通过机制重组，实现了执法范围扩大化、执法目标精准化、执法力度高效化。一是对执法事项的集中梳理和划转。梳理归类 27 个部门 5676 项行政执法事项，拟将执法频率高、多头重复突出、专业要求不高的 1594 项，划转综合行政执法局集中行使。二是建立纵向贯通机制，实现从中心乡镇对周边小乡镇的执法覆盖，并配套一叫就响机制，短时间、高效率解决重大事项或突发事件。三是建立横向联通机制。联通的关键在于打破部门之间、地区之间的执法壁垒，开化县通过建立争议协调机制、案件移动机制，出台"综合查一次"实施办法，开展联动执法。

（四）重建科学有力的执法保障机制

为实现国家公园覆盖区及辐射区的生态、环境、秩序等机制的有机融合，针对法治保障不足的问题，开化县进行了有益的探索。一是打造指挥枢纽，

---

① 尹国升：《乡村振兴视野下生态治理问题审视及实践路径》，《区域经济》，2022年第7期。

推行闭环执法，如统一执法办案平台，实现办案流程统一，可全面查看办案的全过程，如建立专门的综合行政执法指导办公室，以此牵头做好指挥、规范、指导等工作，从而实现执法规范化、高效化、纵深化。二是建立法治保障机制。建立"会诊中心"，建设常驻队伍，结合线上线下法制平台、"专家坐诊""远程会诊"制度，以案件联审新机制保障案件高质量结办。

三、国家公园生态综合治理存在的问题

开化县基于国家公园的生态综合治理探索，具有地理资源上的独特优势及重要使命，探索以来也取得了一些成效，但因跨区域执法的独特性在执法改革过程中仍然面临突出的跨界协作难的问题。

（一）执法标准统一难

不同省域间行政执法标准难以统一、实践中执法尺度难以把握，同一违法事由存在不同行政执法处罚罚则标准、裁量基准等，如在禁渔、禁猎、禁伐等生态保护规定上存在着一定差异，导致跨省办案难。

（二）执法权限匹配难

开化地处"大综合一体化"行政执法改革的国家试点区，在国家公园的生态综合治理上已对体制机制不断完善。而江西婺源、安徽休宁等地因尚未启动改革，部门职能权限不对应，如江西婺源只有城市管理部门，有很多执法职能散落在各部门，与浙江存有差异，执法权限较难匹配。

（三）执法依据保障难

根据法律规定，地方行政部门执法必须在所辖行政区域内开展，而跨界执法协作超出这一范畴。实践中，跨界执法体系构建、证据互认、执法联动等事项都是探索执法协作需要着力破解的问题。

（四）地方保护破除难

在办案实践中涉及跨省域案件需到异地开展调查取证时，当地或多或少存在地方保护色彩，配合支持程度不够，边界之间缺少协作机制支撑。

四、国家公园生态综合治理的完善的建议

开化国家公园生态综合治理的改革模式，作为生态治理领域的创新探索，面临跨区域协作难的主要突出问题，如何破解是目前所面临的重要主题。基于此，开化应立足于国家公园体制试点区的视角进行以下完善。

（一）围绕国家公园确定执法协作区

国家公园体制试点区应着眼于生态系统完整性的保护，同时还要充分借鉴长三角一体化协作经验。一是加强安徽、江西、黄山跨界省份之间的沟通，争取相互之间的支持。二是围绕国家公园覆盖区及辐射区，确定执法协作区、明确执法协作事项，为全面深化跨区域执法协作奠定基础。

（二）创新高效联动的执法协作机制

执法协作区的属地政府要在认识上增强"共抓大保护"理念。一是强化协同联动，重点围绕"生态环境保护"研究出台信息共享、跨界协查等机制。二是以智治中心建设为契机，以平安法治"一件事"集成改革为抓手，加快推进数字驾驶舱和"基层治理一件事"改革的承接和落地工作。三是深化边际警务对接沟通，推动部门、边界间生态警务机制的再完善，实现行刑共治、边界协作、全民参与、打击高效、流程闭环的钱江源国家公园生态警务模式。

（三）制定衔接配套的行政执法规范

国家公园体制试点区要发挥牵头抓总的作用。一是召集执法协作区提出操作性强的操作规程，包括执法协作、执法规范、执法监督、执法保障等。二是按照出台的系列规范性文件，着力督查职责部门克服场地、资金、人员等困难，对表整改、对标提升，确保各项工作规范达标。

（四）提升培训督导的行政执法实效

一是建立健全常态化培训督导机制。面向县级社会治理中心、乡镇综合信息指挥室、全科网格三级力量，建立健全常态化培训机制、比拼机制、督

导机制、关爱机制，不断提高"141"体系[①]的实战能力；进一步完善县级治理中心的常态化督导检查机制，如"每日督查、每日通报""定期抽查、定期通报"以及不定期"回头看"等。二是做细做实网格化工作。抓实每月动态分析研判和问题自查整改，细化网格考核工作和网格化管理责任追究办法，落实网格绩效月考核季兑现，探索打通优秀网格员晋升村"两委"干部通道，确保网格队伍素质有效提升。

（五）完善人员设备的执法力量

一是加强人员配置与入驻，明确"三中心"工作人员架构，即值班人员以及专业讲解员，并与国家公园管理对接人员入驻问题。二是积极探索林区警长制建设，做到县、乡、村三级纵深推进，林区警长、林长，"两长"横向联动。三是完善一屏两端建设，优化 PC 端以及手机端涉案事件的预警、推送、核查、反馈的闭环处置流程，并实现平台试上线，完成相关信息数据库的建立，打通浙里访、村情通、邻里通等平台，拓宽受理渠道，增加系统查询和统计分析功能，便于实时掌握运行情况。

[①] "141"体系是浙江平安建设、社会治理领域的特色品牌。"1"即县级社会治理中心，"4"即乡镇(街道)基层治理"四个平台"(综治工作、市场监管、综合执法、便民服务)，"1"即村社网格。

第六章　改革成效评估

自 2022 年 3 月《试点工作方案》获中央批复后，伴随着浙江省行政执法国家试点改革的层层深入、不断迭代升级，行政执法改革的成效日益成为改革关注的重点之一。为此，浙江发布《浙江省行政执法评议办法（试行）》，从 2021 年 7 月 30 日起在全省范围内开展行政执法评议。该办法要求县级以上政府通过听取意见、评查等方式，全面了解行政执法单位体制机制、执法绩效及执法人员行使执法职权、履行法定义务等情况，从而督促改进行政执法工作、促进严格规范公正文明执法。

事实上，改革成效评估是改革过程不可或缺的重要一环，它对于审视改革状态、克服改革所遇到的障碍和弊端，进而提升改革成效有着十分重要的意义。因此，本章将在梳理公共政策评估相关理论的基础上，结合相关法规、文件、报告、重要讲话等资料，构建"大综合一体化"行政执法改革成效评估框架。通过应用评估框架开展实证调查和分析，从而更加全面深入了解行政执法改革的实际成效，以进一步把改革各项工作向纵深推进。

第一节　政策评估的理论基础

一般说来，公共政策是由政府机构和政府官员制定的，公共政策体现了他们在政治系统和特定环境下的活动方式和活动过程，表达了他们的行为和目的。[①]"大综合一体化"行政执法改革作为深化行政体制改革的重要组成部分，是政府对行政执法体制机制的再造，关系着国家治理现代化的实现程度。因此，对"大综合一体化"行政执法改革的成效评估属于公共

[①]　张金马：《公共政策：学科定位和概念分析》，《北京行政学院学报》，2000 年第 1 期。

政策评估范畴。

一、公共政策评估研究

自 20 世纪 30 年代以来，随着西方国家大政府时代的开启，公共管理作为一门应用社会科学开始迅猛发展，公共政策评估研究也因此拥有了空前的发展机遇。随着各国民主决策体制的完善，公共政策评估问题越来越受到人们的关注，研究和实践范围不断扩展，对政策评估的研究也不断深入。政策评估历经近百年发展，理论和方法也在不断创新和完善，研究成果得到极大丰富，内容涵盖了理论、标准、内容及方法等诸多方面。

（一）政策评估理论研究

政府公共政策绩效评估是指基于结果导向、运用科学的方法、规范的流程、相对统一的指标及标准，对政府公共政策的投入产出进行综合性测量与分析的活动。[①]政策评估随着行政环境和政府理念的转变，其理论和方法也在不断创新。政策评估理论研究经历了四代的发展，其间研究范式也进行了三次转换（见表 2）。前三代政策评估研究是一种理性模式的经验主义研究，遵循"事实—价值"两分法原则，仅从市场法则和个体经济学角度处理公共议题。评估的研究重点聚焦技术的运用和事实的阐释，注重政策效率，即政策投入与产出的关系研究，回避了政策决策和评价中的价值判断、价值取向和价值观念的合理性问题。

但正如古贝和林肯所提出的，政策评估如果舍弃了价值追求、公平正义和对社会产生的影响的评估，也就失去其开展理论研究的现实意义。[②]因此，在对以往评估范式批判基础上及在后行为主义的引导下，公共政策的评估研究开始注重价值取向，政策评估重点也更加重视政策对象的考量，由此形成了第四代评估理论。第四代评估理论聚焦利益相关者的主张、焦虑与争议，

---

① 中国行政管理学会课题组，贾凌民：《政府公共政策绩效评估研究》，《中国行政管理》，2013年第3期。

② ［美］埃贡·G. 古贝、伊冯娜·S. 林肯著，秦霖、蒋燕玲等译：《第四代评估》，中国人民大学出版社2008年版，第24页。

以问题解决为导向，强调持续改进并最终达到问题的解决。比较具有代表性的是弗兰克·费希尔提出的事实与价值相结合的"实证辩论"评估框架。他认为公共政策评估除了项目验证等技术性的分析之外，还应从组织情景、组织理念、问题情景、社会目标、社会基本价值理念等方面对公共政策进行分析和评价，强调复述、分析、批判、再复述、再分析等不断地辩证评价。[①]

表2　西方政策评估研究发展阶段

	第一代 （效果评估）	第二代 （使用取向评估）	第三代 （批判性评估）	第四代 （回应性建构主义评估）
时间	19世纪末至第二次世界大战前夕	第二次世界大战至20世纪70年代初	20世纪70年代至80年代中期	20世纪80年代中期以后
关注点	政策实施的效率和政策目标实现程度	评估结果的价值和实用性分析	政策价值取向，即政策所体现的社会公平、公正问题	政策评估过程中的多方需求，多元互动，综合对政策效率、政策公平性的共同关注
性质	工具导向性	目标导向性	暂时性的决策导向性	行为导向性
评估方法	测量	描述	判断	谈判协商
评估技巧	实验室实验	实地实验	社会实验	政策制定
评估范式	实证主义范式	实证主义范式	实证主义范式	建构主义范式

来源：埃贡·G.古贝、伊冯娜·S.林肯著，秦霖、蒋燕玲等译：《第四代评估》，中国人民大学出版社，2008年。

在评估的宏观范式上，学者们对实证主义进行了批判，提出了建构主义和批判实证论，并成为研究方法论的主流，如美国著名学者威廉·N.邓恩在吸收、借鉴批判实证论的方法论理论研究成果基础上，提出了"批判性复合主义"方法论，认为政策分析的方法论核心可以大致概括为某种形式的批判性复合主义。[②]该方法论的基本原则是多维定位，即从多个角度观察和认识事物，以把握社会现实的丰富性和复杂性。同时，随着评估理论的发展即各方多元价值观掺杂其中，评估者越发关注客户和利益相关者的利益，评估也越来越关注利益相关者的参与和赋权评估方法。在这个问题上，国内大部分学者也基本获得共识，即公共政策评估主体应该多元化，才能保证评估结果的全面有效。

---

① [美]弗兰克·费希尔著，吴爱明、李平等译：《公共政策评估》，中国人民大学出版社2003年版，第17页。

② [美]威廉·N.邓恩著，谢明、伏燕、宋雪宁译：《公共政策分析导论》，中国人民大学出版社2010年版，第4~7页。

（二）政策评估标准研究

评估标准是政策评估的基础和逻辑起点，直接决定了政策评估的结果和评估功能。政策评估在本质上是寻求、证明和确定政策价值的过程，评估价值标准的选择、排序和组合将直接影响评估的结论及其合理性和可靠性。[①]但由于公共政策涉及面广，参与人数多，影响范围大，政策过程中存在的变量因素多，因此很难建立一套统一的、能为绝大多数人共同认可的评估标准。在这一问题上，国内外学者们产生了许多不同观点。

从国外研究来看，萨茨曼将政策评估标准与政策执行过程评估标准结合起来考察，并概括出效果、效果的充分性、效率、工作量、执行过程五项政策评估标准。[②]大卫·沙维奇将政策评估标准分为技术可行性、政治可行性、经济和财政的可能性、行政可操作性四个方面。[③]威廉·N.邓恩将评估标准分为效果、效益、效率、公平性、回应性和适应性六类。[④]在政策评估实践中，应用比较广泛的是"3E"标准（有效性、效率、公平性）。在此基础上，衡量政策绩效的标准拓展和延伸出了"3P"标准和"4E"标准（经济、效率、效益、公正），如斯图亚特·S.内格尔也从政策过程评估的角度提出公众参与度、可预见性和程序公正性的"3Ps"标准。[⑤]

国内学者从内涵范围出发，将公共政策评估的多元标准划分为形式、事实、价值三个维度。[⑥]以这三个维度为划分标准，国内诸多学者提出不同评估标准，如陈振明提出生产力标准、效益标准、效率标准、公正标准和政策回应度五项标准，[⑦]宁骚提出政策效率、政策效益、政策影响、回应性、社会生产力的发展、社会公正、社会可持续发展七项标准，[⑧]还有用于整体评估

① 张国庆：《现代公共政策导论》，北京大学出版社1997年版，第193~194页。

② 牟杰、杨诚虎：《公共政策评估：理论与方法》，中国社会科学出版社2006年版，第24页。

③ [美]卡尔·帕顿、大卫·沙维奇著，孙兰芝等译：《政策分析和规划的初步方法》，华夏出版社2002年版，第285页。

④ [美]威廉·N.邓恩著，谢明、伏燕、宋雪宁译：《公共政策分析导论》，中国人民大学出版社2002年版，第437页。

⑤ [美]斯图亚特·S.内格尔著，刘守恒等译：《政策研究：整合与评估》，吉林人民出版社1994年版，第3页。

⑥ 张润泽：《形式、事实和价值：公共政策评估标准的三个维度》，《湖南社会科学》，2010年第3期。

⑦ 陈振明：《政策科学——公共政策分析导论》，中国人民大学出版社2003年版，第471~472页。

⑧ 宁骚：《公共政策学》，高等教育出版社2003年版，第257页。

的"首要标准"和用于单元评估"次要标准"，① 以及进一步指出首要标准是综合评估标准，次要标准则是具体的一些事实标准和价值标准。② 此外，评估标准还包括形式层面的执行能力、执行过程，事实层面的政策效率、政策影响和价值层面的社会生产力的发展、社会发展总指标等。

由此可以看出，随着历史时空和价值观念的转换，政策评价标准从单一的技术标准转向多元复合标准，从工具理性导向转向诸如技术、经济、法律、社会、实质理性等多元理性导向，从效率、经济、效益、公平等基本要素结构转向回应性、社会发展等多元并存的公共价值。

（三）政策评估方法研究

政策评估方法可分为定量分析方法和定性分析方法两大类。前者主要从事实的角度对政策效果进行相对精确的测量，后者注重辩论和批判的解释方法，运用定性研究来测评政策产出和影响。美国学者弗兰克·费希尔强调实证评估和规范评估的统一，认为要把事实评估和价值评估进行有效的结合，推进政策评估的研究。③ 随着定量与定性方法的交叉使用，评估方法的使用是多元评估标准、评估手段、评估主体的致力于评估科学性、合理性、有效性的综合体。④

在具体方法应用上，伴随科学技术进步，除了一般的文献计量分析法、层次分析法之外，评价方法也逐渐多样化。国内外学者如陈强、豪斯等对政策评估方法都进行了系统介绍。在具体评估技术应用研究方面，学者利用数据包络分析（DEA）、⑤ 双重差分模型、⑥ 断点回归方法、⑦ 匹配方法、⑧ 合

---

① 张国庆：《现代公共政策导论》，北京大学出版社1997年版，第398~399页。
② 郭渐强、刘明然：《科学发展观——我国公共政策评估的首要标准》，《行政与法》，2006年第9期。
③ [美]弗兰克·费希尔著，吴爱明、李平等译：《公共政策评估》，中国人民大学出版社2003年版，第9页。
④ 姚刚：《国外公共政策绩效评估研究与借鉴》，《深圳大学学报》2008年第4期。
⑤ 魏楚、沈满洪：《能源效率及其影响因素：基于DEA的实证分析》，《管理世界》，2007年第8期。
⑥ 周黎安、陈烨：《中国农村税费改革的政策效果：基于双重差分模型的估计》，《经济研究》，2005年第8期。
⑦ 刘生龙、周绍杰、胡鞍钢：《义务教育法与中国城镇教育回报率：基于断点回归设计》，《经济研究》，2016年第2期。
⑧ 赵西亮：《倾向指数匹配方法:变量选择和模型设定问题》，《数量经济技术经济研究》，2015年第11期。

成控制的方法 ① 对相关政策进行了实证分析。当然，由于政策的隐性效果和长期效果难以定量化，政策资源的混合和政策行为的重叠使某项政策的实际影响难以被分离出来，政策行动和环境改变的因果关系不易确定等因素决定了政策评估本身的技术难度，② 相关评估技术忽略了对政策之于绩效产出的因果效应论证。③ 因此，学者们在方法的严谨性和因果关系的确定性方面做出了极大努力，倾向得分匹配法、机理实验法、工具变量方法等应用日益广泛。

值得关注的是，不少学者开始认识到我国公共政策评估中最大的问题源于政策评估方法非科学化。④ 在各种方法的使用过程中，也存在着对于方法前提假定和适用范围认识有误等实际问题。这也引起了国内学者的反思，⑤并对方法使用过程中遇到的问题进行了辨析。

二、政策评估理论小结

已有研究为"大综合一体化"行政执法改革政策评估奠定了理论基础，为制定评估标准、评估内容以及评估之后的政策改进提供了重要参考。尤其是第四代评估理论关注利益相关者的诉求与争议，为构建改革政策评估框架提供了新视角。对此，在开展改革成效评估的时候，应确保行政主体、行政相对人和社会公众等多元主体参与，体现考核评估过程的民主性和价值导向。同时，应尽可能选择科学的评估标准，将利益相关者的关键诉求确定为考核评估的重要维度，避免沦为起点错误的逻辑链，并通过定量和定性相结合的评估方法，使评估结果更具现实性和价值性。

---

① 张琛、孔祥智：《行政区划调整与粮食生产：来自合成控制法的证据》，《南京农业大学学报》，2017年第3期。

② 申喜连：《试论我国公共政策评估存在的困境及制度创新》，《中央民族大学学报》，2009年第5期。

③ 李帆、马亮、李绍平：《公共政策评估的循证进路——实验设计与因果推论》，《国家行政学院学报》2018年第5期。

④ 和经纬：《中国公共政策评估研究的方法论取向：走向实证主义》，《中国行政管理》，2008年第9期；周建国：《公共政策评估多元模式的困境及其解决的哲学思考》，《中国行政管理》，2012年第2期。

⑤ 陈林、伍海军：《国内双重差分法的研究现状与潜在问题》，《数量经济技术经济研究》，2015年第7期；赵西亮：《倾向指数匹配方法：变量选择和模型设定问题》，《数量经济技术经济研究》，2015年第11期；罗胜：《断点回归设计：基本逻辑、方法、应用述评》，《统计与决策》，2016年第10期。

第二节 改革成效评估框架建构

在已有研究及行政执法评估活动实践经验基础上，梳理并明确评估的主要内容及评估主体，构建"大综合一体化"行政执法改革评估框架。

一、改革评估内容

为确保行政执法改革有效落实，浙江省及各地市强化制度保障，出台了一系列行政执法条例或行政执法改革部署方案。省域层面，浙江出台《执法条例》《改革试点工作方案》等文件。在省域框架下，各地市出台了如《杭州市关于深化"大综合一体化"行政执法改革 加强乡镇（街道）执法队伍和执法能力建设的意见（试行）》《衢州市关于深化全市乡镇（街道）"一支队伍管执法"改革的实施意见》等改革细化实施文件。已出台的相关文件均对行政执法改革的主要目标或重点内容进行了较为细致的介绍（见表3），这为构建评估框架、确定评估内容提供了重要参考。

表3 "大综合一体化"行政执法改革评估内容参考文件

序号	文件名称	文件层级	目标/重点任务
1	《浙江省综合行政执法条例》	省级	（1）执法事项 （2）执法协同 （3）执法规范 （4）执法保障 （5）执法监督
2	《浙江省加快推进"大综合一体化"行政执法改革试点工作方案》	省级	（1）全覆盖的整体政府监管体系和全闭环的行政执法体系健全完善 （2）全方位的监管执法协同体系加快构建 （3）权责统一、权威高效"大综合一体化"行政执法新格局基本形成 （4）执法扰企扰民大幅减少、违法现象持续下降 （5）法治化营商环境不断优化、人民群众满意度显著提升

续表

序号	文件名称	文件层级	目标／重点任务
3	《浙江省加快推进"大综合一体化"行政执法改革试点工作方案》	省级	（1）更大范围推进跨领域跨部门综合执法 （2）更大力度整合精简执法队伍 （3）进一步下沉执法权限和力量 （4）全面推进执法数字化改革 （5）推进严格规范公正文明执法
4	《浙江省行政执法评议办法（试行）》	省级	（1）行政执法体制运行及机制建设情况 （2）行政执法队伍建设情况 （3）行政执法制度创新完善情况 （4）行政执法活动情况 （5）行政执法效能情况
5	《关于深化综合行政执法改革的实施意见》	省级	（1）完善体制机制 （2）规范执法行为 （3）加强工作保障
6	《衢州市关于深化全市乡镇（街道）"一支队伍管执法"改革的实施意见》	市级	（1）推进执法权限下放精准化 （2）推进执法力量资源集约化 （3）推进执法实战运行一体化 （4）推进执法全过程数字化

综合参考省级和衢州关于行政执法改革主要文件，并通过查阅各地市相关文件进行交叉验证不难发现，虽然不同文件在具体表述和侧重点上有所差异，但总体来看，当前"大综合一体化"行政执法改革包含了执法事项、执法力量、执法活动、执法规范、执法保障、执法监督、执法应用在内的七个方面的重点任务。其中，执法事项划分并厘清了各主体的权责，是改革的基础性工作。通过统筹执法力量和加强执法保障，实现执法资源合理配置，推动执法活动高效运行和闭环管理。在此过程中，通过强化执法规范和执法监督，实现执法方式优化，确保依法依规行权。

需要指出的是，开展行政执法数字化、建设"大综合一体化"执法监管数字应用虽在文件中一般不与其他重点任务并列，但这是行政执法改革的固有内涵，对推动和保障行政执法改革落实落地具有关键意义。2022年1月1日起施行的《条例》明确规定省政府应当组织建设和管理全省统一的数字化行政执法平台，行政执法机关应当全面运用数字化行政执法平台开展执法活动。3月1日，时任省委书记袁家军在全省"大综合一体化"行政执法改革推进大会上，对构建"大综合一体化"执法监管数字应用做出全面部署。同时，浙江省出台了《浙江省"大综合一体化"执法监管数字应用建设工作总体方案》，明确推进执法监管事项100%上平台，实现行政检查和处罚办案全程网办、自动留痕。

二、改革评估主体

政策环境、参与主体及利益多元、政策诉求的不断增加是对政府治理最重要的影响因素，也是政策评估中要充分考虑的因素。因此，适应公民参与公共事务治理，满足多方要求，平衡多方利益的评估理论与方法是发展趋势。这要求在开展改革成效评估时，必须要广泛关注不同相关利益群体的认知，包括参与政策制定或执行的人员或组织、与改革有直接或间接利益关系的人、与改革利益没有直接利益关系但对该改革表示强烈关注的人等。他们是影响组织目标实现或者受到组织实现目标过程影响的个体和群体，其价值观会对改革政策制定和执行过程产生影响。

政策评估主体在评估体系中处于核心地位，发挥着主导作用。政策评估主体可以区分为内部评估者（即政策主体）和外部评估者。① 由于"大综合一体化"行政执法改革涉及行政执法组织体系、执法体系和体制机制内容，涉及面广，因此，开展改革成效评估需要有多元主体的参与，其中需要重点关注的为改革利益相关者。对于具体相关利益群体的界定，本文从前文梳理的执法事项、执法力量、执法活动、执法规范、执法保障、执法监督、执法应用七个方面出发，明确各重点任务所涉及或影响的组织和人群，并将其分为内部关联者和外部影响者两大类群体。其中，内部关联者包含直接从事行政执法工作的人员，同时涵盖市级、各县（市、区）职能部门、乡镇（街道）等内部相关联人员。外部影响者为开展改革所影响的行政相对人，即受行政

---

① 高兴武：《公共政策评估：体系与过程》，《中国行政管理》，2008年第2期。

主体的行政行为直接或间接影响的个人或组织，主要包括企业和群众等。

值得注意的是，不同利益相关者参与改革成效评估过程中，由于特性差异，导致不同主体在评估内容方面存在感知差异。从内部关联者来看，由于其直接参与到改革中或改革对其影响较大，故该群体对改革各重点任务有较为清晰的感知。而外部影响者作为与行政主体相对应的另一方当事人，其更多感知的是行政主体的相关活动，对于支持改革的执法保障、执法监督两方面的内部要素感知不清晰或无感知。因此，在引导不同主体参与改革绩效评估时，需注意基于感知度差异对评估内容进行相应调整（见表4）。

表4　不同评估主体对评估内容的感知度情况

评估主体	评估内容	执法事项	执法力量	执法活动	执法规范	执法保障	执法监督	执法应用
内部关联者	行政执法人员	*	*	*	*	*	*	*
	职能部门人员	*	*	*	*	*	*	*
	乡镇（街道）人员	*	*	*	*	*	*	*
外部影响者	企业	*	*	*	*			*
	群众	*	*	*	*			*

备注：★表示该评估主体对该评估内容存在明显感知

三、改革评估问卷设计

为更加深入准确对"大综合一体化"行政执法改革成效进行评估，本文主要采用调查问卷法和访谈法。在调查问卷群体界定上，基于上文分析的不同群体特点，配套设计内部评估和外部评估两个版本的调查问卷。其中，内部评估版调查问卷主要针对改革内部关联者，即直接从事行政执法人员、与行政执法工作相关联的职能部门及乡镇（街道）人员，外部评估版调查问卷主要针对外部影响者，即企业和群众。

调查问卷的内容设计上，主要分为基本信息、分领域评价和总体评价三个部分。其中，了解基本信息的主要目标在于了解参与评估群体的基本特征，并为后续深入分析提供基础。分领域评价对应改革的重点任务，并基于现有文件内容及行政执法专项评议指标，在问卷的问题设计上进行了细化分解。如在执法力量方面，将该重点任务细分为行政执法人员的数量配备和能力水平两部分。分领域评价还增加了改革认知的内容，旨在考察评估主体对开展改革的必要性认知和对改革目标、任务和规划的知晓度认知。改革总体评价是改革评估的重要内容，是评估主体基于对分领域开展评估的基础上，对改革整体成效的认知评价。两套调查问卷（见附录 1 和附录 2）设计的关键性差异体现为内部评估版在分领域评价上对应改革的七项重点任务，外部评估版则是基于外部群体特点和对评估内容的感知差异，在分领域评价方面进行了针对性调整（见表 5），问题设计更贴合目标群体特点，问题表述更加直白和口语化。

表 5　内外部评估版调查问卷内容

主要内容		细化内容（内部评估版）	细化内容（外部评估版）
第一部分：基本信息		性别、学历、工龄、所在地、职务、单位、岗位	—
第二部分：分领域评价	改革认知	必要性	—
		了解度	了解度
	执法事项	权责分配合理性	执法范围了解情况
		权责边界清晰度	
	执法力量	人员数量配备	执法人员服务意识和执法态度
		人员能力水平	执法人员能力水平
	执法活动	外部协同配合	执法人员事前指导情况
		单位内部配合	重复执法改善情况
		执法对象配合	执法效率提升效果
	执法规范	执法规范	执法人员遵守法定程序情况
	执法保障	资源投入	—
		配套制度保障	
		人员保障	
	执法监督	行政监督	—
	数字化执法	应用使用频次	—
		应用有效支持工作	—
第三部分：总体评价		总体成效、待提升点	总体成效、待提升点

为了重点突出改革后与改革前的成效对比，调查问卷问题涉及集中凸显改革前后的成效变化情况。如在内部评估版问卷中，增加文字描述进行强调，

让评估者对重点任务各方面在开展"大综合一体化"行政执法改革后与改革前情况进行比较，并对成效进行判断。在外部评估版问卷中，让评估者直观地与改革前进行比较，对重复执法改善、执法效率提升等方面的成效进行判断。在具体问题对应的选项选择上，本文采用李克特五级量表，根据改革成效的显著情况，从高到低分别为"非常明显""比较明显""一般""比较不明显""不明显"。通过五级量表衡量改革成效，并在后续分析中对应进行赋分，按照成效从高到低，选项对应赋值为 5 分、4 分、3 分、2 分和 1 分。外部评估版问卷中部分问题的满意度评价也按照此方式设置选项并进行赋分。

第三节 改革成效评估的实证调查

一、调查问卷发放和回收

（一）调查问卷的发放

在确定调查问卷的具体问题及对应选项后，通过"金数据"这一在线表单工具将其转化为电子调查问卷。为方便不同评估主体更加高效完成评估，调查问卷的发布采取了多样化形式，既可以通过点击链接方式直接填写，也可以通过手机扫描二维码的方式识别填写。内部评估版调查问卷采取分层抽样和非严格随机抽样方式，依托综合行政执法局，通过各单位相关工作对接人，利用"浙政钉工作群"等渠道将内部评估版问卷发放给市本级、各县（市、区）部门和乡镇（街道）相关人员。同时，通过相关企业和社区微信群、村社走访形式，向企业及群众发放外部评估版问卷。

（二）调查问卷的回收

通过"金数据"后台，导出内外部评估版两份调查问卷全部数据。其中，内部评估版调查问卷共填写 1904 份，筛选剔除填错或填写时间过短的 83 份问卷，累计回收 1821 份，有效回收率为 95.6%。外部评估版调查问卷共填写 245 份，筛选剔除填错或填写时间过短的 9 份问卷，累计回收 236 份，有效回收率为96.3%。总体来看，调查问卷的有效率均在95%以上，较好地保证了问卷的可靠性和有效性。

调查问卷的基本信息显示，内部评估版问卷填写人中男女比例为7∶3，学历方面，本科和大专占比达90.3%，其中本科学历人数最多，占比为70.9%。在人员的职务层级构成方面，班子成员、中层干部、普通干部及其他人员占比分别为4%、25%和71%，总体与各单位对应职务层级比例相符。参与评估人员单位包含监管、执法等职能部门及乡镇、街道，其中，直接分管或开展行政执法工作的人员为574人，占比最高，达到44.3%。工作与行政执法相关联的人员占35.8%，其他人员虽与行政执法工作不直接关联，但目睹改革或者间接被改革所影响，这部分群体占比为19.9%（见表6）。因此，以"大综合一体化"行政执法改革为中心，按照改革的影响度范围，调查问卷涵盖了改革核心圈、影响圈和关注圈三个群体的人员，从而确保直接或间接受改革影响人员开展多视角评估。

表6　职务层级和工作性质交叉表

		直接从事行政执法工作	与行政执法工作相关联	与行政执法工作无关	合计	占比
职务层级	班子成员	26	35	10	71	4%
	中层干部	207	181	67	455	25%
	普通干部及其他	574	436	285	1295	71%
合计		807	652	362	1821	100%

二、调查问卷信度和效度分析

在对调查问卷进行具体结果分析前，首先需要对问卷的信度和效度进行分析，从而确保评估反应的内部一致性和问卷设计的有效性、准确性。在问卷信度方面，本文采用常用的 Cronbach α 系数[①]进行分析。通过 SPSS 分析表明，内部评估版问卷的 Cronbach α 系数为0.977（见表7），外部评估版

---

① Cronbach α 系数是一个统计量，是指量表所有可能的项目划分方法得到的折半信度系数的平均值，是最常用的信度测量方法。

问卷 Cronbach α 系数为 0.922，对照评价标准，问卷都具有非常好的信度。

在问卷效度方面，本文使用 KMO 和 Bartlett 检验[①]进行效度验证。分析结果显示内部评估版问卷的 KMO 值为 0.969（见表 8），外部评估版问卷的 KMO 值为 0.965，KMO 值均大于 0.8，表明研究数据具有很好的效度。由此可见，内外部调查问卷均有较高的信度和效度，可进行进一步分析。

表 7　内部评估版调查问卷的信度分析

名称	校正项总计相关性（CITC）	项已删除的 α 系数	Cronbach α 系数
权责分配合理性	0.848	0.976	0.977
权责边界清晰度	0.857	0.976	
人员数量配备	0.833	0.976	
人员能力水平	0.874	0.976	
外部协同配合	0.882	0.975	
单位内部配合	0.799	0.977	
执法对象配合	0.872	0.976	
执法规范	0.865	0.976	
资源投入	0.904	0.975	
配套制度保障	0.859	0.976	
人员保障	0.832	0.977	
行政监督	0.866	0.976	
应用使用频次	0.835	0.976	
应用有效支持工作	0.861	0.976	
总体评价	0.842	0.976	
标准化 Cronbach α 系数：0.978			

表 8　内部评估版调查问卷的效度分析

KMO 和 Bartlett 的检验		
KMO 值		0.969
Bartlett 球形度检验	近似卡方	36947.812
	df	136
	p 值	0.000

---

① KMO（Kaiser-Meyer-Olkin）检验统计量是用于比较变量间简单相关系数和偏相关系数的指标，Bartlett检验用于检验相关阵中各变量间的相关性，是否为单位阵，即检验各个变量是否各自独立。

第四节　改革成效评估的结果分析

一、改革成效总体评估

（一）改革目标达成率较好

在开展"大综合一体化"行政执法改革总体成效评估时，首先要关注改革的具体目标，这是明确改革所处方位、判断当前改革成效的关键性标准。"大综合一体化"行政执法改革既有省域层面的顶层设计，也有各地市的地方创造，并在方案中都明确了改革目标，目标设定上兼顾定量和定性、共性和个性的关系。本文对照《浙江省加快推进"大综合一体化"行政执法改革试点工作方案》中提出到 2022 年底的具体目标，结合衢州改革的具体推进目标和计划，提炼出反映改革成效的关键性指标，并进行对照分析（见表 9）。

通过对照达标值可以看出，除"行政执法工作量由综合执法部门承担占比"和"执法监管一件事场景应用数量"两个指标 100% 达成外，衢州其他指标均在既定时间内超额完成。其中"执法领域中综合执法事项占比""部门专业执法队伍种类精简比例"和"乡镇（街道）执法力量占比"达成率均超出目标 18% 以上，体现了衢州"大综合一体化"行政执法改革的力度和速度。

表 9　衢州市"大综合一体化"行政执法改革定量目标达成情况

具体指标	达标值	实际值	达成率
执法领域中综合执法事项占比	20%	45%	225%
行政执法工作量由综合执法部门承担占比	60%	60%	100%
部门专业执法队伍种类精简比例	50%	60%	120%
县乡执法力量占比	85%	89%	105%
乡镇（街道）执法力量占比	60%	71%	118%
执法监管"一件事"场景应用数量	61 件	61 件	100%

（二）改革成效总体评价较高

在达成关键性指标的同时，内外部相关群体也对改革成效给予了较高肯定（见图13）。分析内外部不同主体对改革成效评价可以发现，企业和群众对改革的总体满意度最高，达到4.37。对他们而言，不管接触的是哪个部门或者哪个部门来检查，它们都代表着政府。"大综合一体化"行政执法改革带来的最大改变就是让"一个政府行政"成为群众和企业与政府部门打交道的日常。以执法检查为例，对企业来说，无论是个体户、小微企业还是中大型企业，过去往往要面临着多头执法、重复检查等问题，这也是行政执法部门普遍存在的难点和痛点。而改革以"整体政府"为理念，通过职能事项梳理、执法力量整合、统一执法标准，实行"进一次门，查多件事"，实现"综合查一次"，进而大幅减少执法扰企扰民情况。这一点在调查数据中也得以体现，企业和群众对"当前重复执法现象的改善情况"和"执法效率的提升效果"问题的回答平均得分为4.25和4.38，对应改善"比较明显"以上水平。

改革内部相关人员对改革总体成效评价也表现出较高水平，均在4分以上，对应改革成效"比较明显"以上水平。其中，与行政执法工作有关联的相关群体对改革成效的评价最高，达到4.23，随后依次为与行政执法工作无关群体、直接从事行政执法工作群体，分别为4.17和4.05。分析对应群体的人员构成，与行政执法工作相关人员主要支持和协同配合行政执法工作。"大综合一体化"行政执法改革以大综合方向为统领，对行政执法进行结构性、体制性、机制性系统集成改革，进一步健全了执法协同机制，提升了跨部门、跨区域和跨层级的行政执法效率，从而有效提升该群体满意度。直接从事行政执法工作人员是受"大综合一体化"行政执法改革影响最深刻的群体，对改革有着最直接的感知度和深刻的了解度。作为一项牵一发而动全身的系统性改革，涉及人、财、物、事等方方面面，势必对现有的格局和关系进行重塑和调整，并且改革目前正处于深化阶段，必然存在着一些进一步提升和解决的问题，这在一定程度上都会对直接从事行政执法工作人员的成效判断产生一定影响。

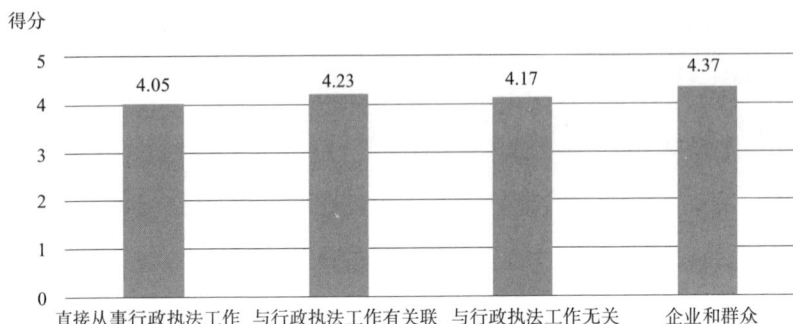

图13 不同主体对改革总体成效的满意度评价

数据来源：调查问卷中改革总体评价五级量表从高到低分别按照5-1进行赋分，根据不同群体评价的数据整理而成。

（三）改革成效总体评价的差异分析

值得注意的是，在满足数据正态分布和方差齐性（显著性为0.322，>0.05）的前提下，通过SPSS分析，结果表明部门与乡镇（街道）在改革成效认知上有显著差异（见表10和表11），即乡镇和街道人员对改革成效的评价显著高于部门人员，而对乡镇和街道人员评价之间进行分析，表明两者并不存在评价的显著性差异。这种差异性结果表明，在解决基层政府面临的行政执法工作困境方面，"大综合一体化"行政执法改革取得了一定的成效。

改革前，作为最需要行政执法的基层，乡镇（街道）直面基层管理一线，力量反而最薄弱。在很多管理类目上没有执法权，也没有相应的行政处罚权进行及时处理，面对一些高频、易发的违法行为，联合执法又需要协调很多部门和环节。庞杂的管理事务让基层干部不堪重负，尤其是餐饮油烟、占道经营等一些常见的执法事项，乡镇"看得见管不了"，部门"管得了看不见"，协调起来效率低、周期长。依托"大综合一体化"行政执法改革，当地通过编制属地管理清单，厘清县级部门和乡镇的权责边界，让每件事的处理都有了明确归属。而将人员、资金等大量资源下沉到乡镇和街道，用"一支队伍管执法"，将发生频率高、与群众生产生活密切相关的执法事项纳入综合行政执法，进行体制重构、流程再造、多跨协同，建立"一件事"协同办理机制。由此，改革破解了基层政府"看得见管不着"和"小马拉大车"等方面的现实困境，扭转基层执法"九龙治水"现象，基层政府对改革成效的整体认同度显著较高。当然，这也表明，改革同步需要关注并了解掌握部门在改革后遇到的具体问题和相关诉求，并采取相应解决举措。

表 10 部门与乡镇（街道）总体评价组统计数据

	单位	数字	平均值（E）	标准偏差	标准误差平均值
总体评价	部门	1308	4.01	0.966	0.027
	乡镇（街道）	250	4.35	0.880	0.056

表 11 部门与乡镇（街道）总体评价的 t 检验结果

		列文方差相等性检验		平均值相等性的 t 检验					差值的 95% 置信区间	
		F	显著性	t	自由度	显著性（双尾）	平均差	标准误差差差值	下限	上限
总体评价	已假设方差齐性	.981	.322	−5.212	1556	.000	−.343	.066	−.472	−.214
	未假设方差齐性			−5.552	373.131	.000	−.343	.062	−.464	−.221

二、改革成效细化评价

（一）改革深入人心，认知水平较高

变革大师约翰·科特提出了变革管理八步法，其中推动变革的第一步就是在组织内部创造变革的紧迫感。开展"大综合一体化"行政执法改革以来，不同主体对改革的必要性认知不断提高。问卷数据显示，改革内部人员对改革的必要性认知在 4.2 以上，对应"比较有必要"以上水平，整体认知程度较高（见表 12）。思想是行动的先导，高水平的必要性认知有利于树立改革的紧迫感，助力改革向纵深推进。与此同时，在改革了解度认知方面，改革内部人员对改革的整体目标、重点任务和具体计划的了解度也呈现出较高水平，综合平均水平在 3.94，接近"比较了解"水平。总体来看，当前改革必

要性和了解度认知数据表明，随着改革不断深入，改革已经逐渐深入人心并成为一种普遍共识，对改革的主要内容也有着比较清晰的认识，改革转向攻坚期和深水区。

表 12　不同主体改革必要性和了解度认知情况表

主要群体	必要性得分	了解度得分
直接从事行政执法工作	4.24	4.08
与行政执法工作有关联	4.5	3.94
与行政执法工作无关	4.4	3.65
企业和群众	–	3.5

值得关注的是，从企业和群众的角度分析来看，外部群体对改革的了解度水平平均得分仅为 3.5，处在"一般"偏上水平。从具体的事项来看，对执法范围的了解度方面评价仅为 3.25，接近"一般"水平。通过 SPSS 分析表明，无论是改革总体了解度还是对执法范围的了解度方面，与总体满意度方面均存在显著差异（见表 13）。因此，在改革过程中，需要加大宣传说明力度，以提升重点相关群体对改革的基本认识，特别是与他们相关度较高的执法范围等方面的内容，要进行明确说明、重点介绍，进一步提升他们的认知度和认同感。

表 13　改革了解度与总体满意度的 t 检验结果

配对编号	项	平均值	标准差	平均值差值	t	p
配对 1	改革了解度	3.50	0.76	−0.88	−2.966	0.021*
	总体满意度	4.38	0.74			
配对 2	执法范围了解度	3.25	0.89	−1.13	−2.826	0.026*
	总体满意度	4.38	0.74			
* $p<0.05$ ** $p<0.01$						

（二）改革不断推进，各领域成效明显

通过对调查数据的整理分析发现，内部版问卷在各领域的综合平均水平

达到3.95，略低于"比较明显"水平，外部版问卷综合平均得分为4.38，高于"比较明显"水平。针对执法事项、执法力量、执法活动、执法规范、执法保障、执法监督、执法应用在内的七项改革重点任务评价，得分依次为3.99、3.86、4.01、4.09、3.87、4.10、4.10（见图14），改革各领域成效评价整体处于较高水平。

事实上，衢州"大综合一体化"行政执法改革在各重点任务均取得了较好成效。

第一，执法事项方面，整合23个部门28个领域910项"三高"和"沉睡"事项，实现综合执法事项由1400项提升为2439项，增长74.2%。同时，梳理形成了三级综合执法事项清单，市本级（不含两新城）、县级和乡镇级清单数量分别达到800项、2400项和590余项。

第二，执法力量方面，强化精兵强将导向，全省首创"1+5"执法体系，精简专业执法队伍43支，精简率达60%，精简专业执法人员280人，精简率达10%。改革刀刃向内精简市局机关2个处室40%编制，取消县局政委岗位8个，市本级24个中队降为股级，取消24个指导员岗位。同时将大量执法资源配置下沉部署，下沉乡镇（街道）行政执法人员比例达71%，进而构建与执法工作量相匹配的"金字塔型"力量布局。

第三，执法活动方面，构建了跨层级跨区域执法模式，全面推进镇街"一支队伍管执法"，建立"1+X"执法机制，以一个中心镇为圆心辐射周边多个小乡，全市35支队伍覆盖103个乡镇（街道），着力解决跨区域执法问题。

第四，执法规范和保障方面，系统形成了"1+1+7+32"的制度体系，全方位规范执法流程和执法保障，并精准制定"两意见—规范—指引"，明确"八个统一"和6大方面10个问题处理对策。

第五，执法监督方面，构建包含人大、纪委监委、行政、司法、舆论和群众在内的"六位一体"执法监督机制，已设计预警模型44个，围绕高频次、高权重事项设计小切口监督场景10余个，首批"大综合一体化"改革专项监督发现问题20余个，实现监管与执法"双向监督、同向发力"。

第六，执法应用方面，向上承接省执法监管数字应用，向下经县乡社会

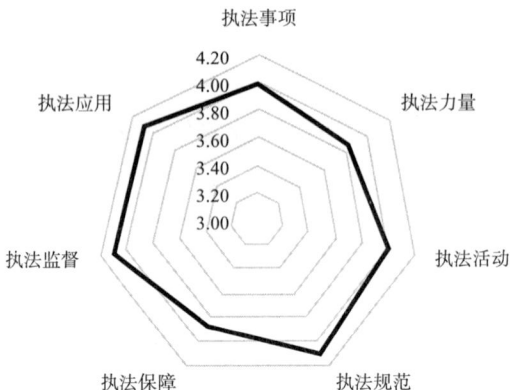

图 14　重点任务改革成效评价情况

数据来源：调查问卷五级量表从高到低分别按照 5-1 进行赋分，各领域得分根据平均值计算得出。

治理中心和基层治理四平台的平台法治跑道，直至村社网络，与基层治理系统协同闭环"1612"体系 ① 贯通，实现执法监督数字应用全市域试点。

值得关注的是，通过对改革重点任务的细化维度分析发现，执法力量维度中人员力量配备和人员能力水平、执法活动维度中外部协同配合程度、执法保障维度中人员保障评价呈现出相对低位水平。这一点在评估人员总体评估中对"改革未来突破点"选择结果也得以印证，分别有 59.8%、55.2% 和 54.1% 人员认为要从执法力量、执法活动和执法保障方面进行突破，这些方面需要在改革过程中持续关注。

---

① "1612"体系中第一个"1"即一体化智能化公共数据平台（平台+大脑），"6"即党建统领整体智治、数字政府、数字经济、数字社会、数字文化、数字法治六大系统，第二个"1"即基层治理系统，"2"即理论体系和制度规范体系。

第七章　改革实践经验

为进一步破解多头执法、多层执法、执法扰民、基层执法力量薄弱、基层执法运行不顺畅等问题，提升执法效率和监管水平，推进政府治理体系和治理能力现代化，2022 年 3 月《浙江省加快推进"大综合一体化"行政执法改革试点工作方案》获中央批复同意，浙江成为全国唯一的"大综合一体化"行政执法改革国家试点。衢州市聚焦省"大综合一体化"行政执法改革"五大体系＋数字应用"重点任务，坚持改革导向、问题导向、基层导向，以数字化改革为引领，以建立高效协同执法体制为重点，系统塑造"1+5"行政执法体系，进一步构建事权向下、力量下沉、执法综合、监控融合的行政执法新格局，为全省乃至全国改革提供衢州实践、衢州样板。

第一节　以高效协调联动形成整体性治理理念

社会治理过程中，只有实现"概念领域和实务领域的有机连接"，才能维持现代社会系统而复杂的整体功能高效运转，达到"善治"目标。[1] 综合行政执法是社会治理中的不可或缺的重要方面，也是建设法治政府、法治社会的主要载体，执法水平的高低影响着治理能力现代化的建设进度。就执法实践而言，执法部门和执法体制是特殊历史条件下的产物，既做出了应有的历史贡献，积累了一定经验，[2] 也表现出了先天不足和后天失调，不同程度存在着执法体制僵化、执法主体单一、执法手段粗暴、执法效率低下等弊端，致使治理效果与人民的期望相差甚远。为此，"大综合一体化"行政执法改

[1] [美]彼得·F.德鲁克著，徐大建译：《德鲁克文集（第三卷）：社会的管理》，上海财经大学出版社 2006年版，第159页。
[2] 中国行政管理学会课题组：《推进综合执法体制改革：成效、问题与对策》，《中国行政管理》，2012年第5期。

革开始步入历史舞台，将过去分散化的行政执法活动有效集中。执法主体力
图通过系统、综合、协调的管理方式和手段创新来提升行政执法水平和治理
能力，协调各方利益，重塑社会秩序，走出执法困境。

一、整体性治理的阐释

整体性治理在继承和修正传统官僚制理论和新公共管理改革经验的基础
上，糅合信息时代的组织和技术特征，以竞争为特征的新公共管理治理模式
向以合作为特征的整体政府改革时代的整体性治理迈进。整体性治理针对政
府改革碎片化和分散化造成的社会问题复杂化和效率低下的弊端，主张用整
合、协调和网络化的方式予以回应，不断"从分散走向集中，从部分走向整
体，从破碎走向整合"，是21世纪政府改革最鲜明的特征。[1] 整体性治理理
论是当前世界公共管理管理中最具有变革意义的大理论，主要针对的是碎片
化治理带来的一系列问题，力求实现管理的专业化。[2] 整体性治理是一种全
新的政府治理模式，通过纵向和横向协调的思想与行动以实现预期利益[3]。
这一理论以回应公众的需求为核心，基本理念是整合，基本措施是协调，通
过重塑组织和网络结构、设计运作流程、制定评价标准、数字化变革等途径，
为用户提供无缝隙服务。

"大综合一体化"行政执法改革旨在采用交互协作和整体化的治理机制，
形成一个整体性的运转流程，实现无缝隙治理，从而达到综合行政执法的"善
治"状态。整体性治理为以"横向扩大执法领域、纵向推进重心下移"为主
要内容的"大综合一体化"行政执法改革提供了理论基础和思维线索。

二、追求公共利益和责任的整体价值

现代民主行政要求，综合行政执法不但要树立公共利益为中心的政府

---

① 竺乾威:《从新公共管理到整体性治理》,《中国行政管理》, 2008年第10期。

② Perriy, *Towards Holistic Government: The New Reform Agenda*, New York: Pal grave, 2002.

③ 丁煌、陈晓方:《整体性政府视角下市县政府职责体系构建研究——以汕头市濠江区行政体制改
革为例》,《中国行政管理》, 2017年第8期。

职能观，履行执法责任，还要建立与其他行政部门协调联合的执法理念，即政府统筹、执法部门负责、相关部门协同，共同执法，形成合力。一方面，树立公共利益至上的柔性执法理念。整体性执法理念有效整合了价值理性和工具理性的冲突，要求执法以公民需求为基础、以公共利益为核心、以现实问题为抓手、以执法效率为导向，最终目标就是"使政府的功能进行整合，以便有效地处理公众最关心的一些问题，而不是在部门和机构之间疲于奔命"。[①] 处理好公共利益和私人利益的冲突对抗。衢州在"大综合一体化"行政执法改革中，广泛选择说服教育、劝导示范、警示告诫、指导约谈等柔性方式，取得了非常好的效果，让秉持"为民""公正""文明"的执法理念深入人心。另一方面，营造共同治理和共同责任的执法文化。"责任"是希克斯的整体性治理理论中的重要概念，他还提倡诚实和效率服务于责任[②]。对于行政执法而言，需要从"小城管"转变为"大城管"理念，也就是"大综合"，避免公共利益和责任的"分段碎片"，实现"一体化"。

三、提供无缝隙综合服务

在综合行政执法中，由于种种原因，传统执法体制部门林立，重复低效，多头执法。以流动小商贩为例，在管理环节就涉及工商、税务、公安、环卫、质检等众多行政部门，民间形象比喻是"九龙治水"。众多行政执法机构各自为政、重复执法，显然不符合现代治理管理要求，还容易产生"乱处罚、乱收费、乱摊派"问题。另外，一些行政执法部门为了适应现代政府管理需求，把部分执法项目进行服务外包、特许经营，建立伙伴关系，虽然一定程度上丰富了公共产品的供给、提升了公共服务的质量，但也"加剧了公共部门机构碎片化倾向，引发了协调与整合问题"。

综合行政执法体系是一个行政体系内的开放子系统，通过制度设计实现综合行政执法机关、原业务主管部门、乡镇综合行政执法局、执法相对人等多元主体之间的合作、博弈和良性互动，优化综合行政执法程序，用

---

① 竺乾威:《公共行政理论》，复旦大学出版社2008年版，第274页。

② 竺乾威:《从新公共管理到整体性治理》，《中国行政管理》，2008年第10期。

统一确定的行政目标代替多元的社会需求，实现综合行政执法改革领域公共治理的创新导向和发展趋势。因此，衢州市高度重视变"条块分割"为"一体化执法"，建立市、县两级综合行政执法改革领导机制，统筹协调解决全市综合执法改革中的重大问题。统筹、协调、指挥、监督各执法主体执法活动的具体工作；协调解决执法权限、执法依据等争议，以及案件移动、信息共享、工作配合等履行行政执法职责衔接和配合过程中产生的问题；督促各部门依法监管，避免执法不力、推诿扯皮，实现统筹管理行政执法队伍、指挥行政执法活动、调配使用执法人员以及统一行政执法规范、执法保障、执法监督"三统筹三统一"。制定《关于建立衢州市"大综合一体化"行政执法监管协同配合机制的指导意见》，建立了部门间系统而规范的公务合作制度规范，发挥各方执法主体优势，推进跨部门、跨区域、跨层级执法协同，保持执法责任的完整性。

第二节　以纵向放权为核心推动组织层级精简与整合

政府层级的精简和整合需要通过政府纵向放权实现。通过放权，上级政府将权利和事务分解给基层政府，形成"基座式的政府架构"，中间层政府随权利和事务的减少而逐渐被削弱。但放权存在一个权力边界问题。事实上，国家对审批事项的减少和下放做了一系列原则性规定，[①] 但实践中，到底政府纵向层次该下放什么权力始终存在质疑。在中央顶层设计下，行政审批权力下放应该坚守权责一致、事能相配和注重效益的原则，下放那些便利就近管理、就近服务与行政审批相对人需求度高和专业性较强、业务要求较高、

---

① 2001年监察部、国务院制办、国务院体改办、中央编办《关于行政审批制度改革的实施意见》中提出"不符合政企分开和政事分开原则、妨碍市场开放和公平竞争以及实际上难以发挥有效作用的行政审批，坚决予以取消；可以用市场机制代替的行政审批，通过市场机制运作"；2002年《关于搞好行政审批项目审核和处理工作意见》中强调，"要处理好政府与市场、政府与企业、政府与社会的关系"；2013年《国务院关于取消和下放一批行政审批项目等事项决定》中提出"按照市场主体能够自主决定、市场机制能够有效调节，行业组织能够自律管理、行政机关采用事后监管能够解决的事项不设立审批的原则，……凡直接面向基层、量大面广或由地方实施更方便有效的，一律下放地方"。

影响面较广的审批事项，同时对已下放审批事项进行绩效评估，对下放后社会效果差、下放不合理的审批事项[①]进行有效控制，及时叫停或收回下级政府无法运作或运作不规范的审批项目。放权后，上级政府不再直接负责和具体承担审批行为，下级政府对口部门行权后，上级政府要么彻底移交此审批事项权责，要么实行总量规模和限额管理，将一定许可额度之内的批准权限交由下级政府履行。

"大综合一体化"行政执法改革的一项重要内容，就是部门赋权下放给街道，以行政执法力量向基层一线下沉工作为切入口，从基层高频、易发、易操作事项入手，推进解决镇街"看得见、管不着"的问题。乡镇街道"有需求"，县级部门"放得下"，基层执法就要"接得住"。

一、优化执法机构设置

传统科层执法管理体制注重执法效率的提升和目标任务的考核，通过理性化、专业化和非人格化的执法管理和等级制权威影响个体行为，关注部门利益、层级利益。[②]但这种高度封闭和僵化的执法体制导致了执法运行机制的碎片化。具体来说，在行政执法领域内，行政执法的决策、执行和监督分散在不同机构，提供执法服务比较散乱，"容易产生诸如转嫁、项目和目标冲突、重复浪费、缺乏沟通和各自为政、服务质量差等问题"，[③]无法形成整体的执法服务供给，功能碎片化严重，对建立共同领导、共享治理、共同合作等新的工作方式产生不利影响，甚至起到阻碍作用。

（一）部门内部综合设置

在一个管辖区域内，针对同一业务范围，要整合多支队伍，优化队伍管理，原则上只能设置一个执法机构，并经常性开展行政执法工作。衢州市在全省

---

① 从行政审批制度改革现状看，下放的不合理审批事项主要有：被零敲碎打下放的事项；专业技术性较强和对检测设备要求较高的事项；针对特定领域、特定行业，审批业务实量发生很小，要求基层政府配置经过专业培训的工作人员的审批事项。

② [德]马克斯·韦伯著，阎克文译：《经济与社会》，上海世纪出版集团2010年版，第131页。

③ Perriy，*Towards Holistic Government: The New Reform Agenda*，New York: Palgrave，2002.

"1+8"行政执法体系基础上，不再保留市、县两级自然资源、文化市场和农业农村专业执法队，独处"1+5"行政执法体系，执法队伍进一步整合。

（二）执法层级优化配置

从执法业务的需要和现实情况出发，遵循大部制要求，重点整合市和市辖区的执法队伍。如果是业务性质相近、职责相同的队伍，原则上只设置一个层级，加强重点领域的执法力量，使执法人员下沉到基层一线，充实基层执法队伍。衢州市全面纵向下调执法层级，按照"市区设置一个执法层级、原则上设在区一级"的要求，将综合执法、市场监管等部门的执法层级由市级调整为以柯城区、衢江区为主，承接下放的部门执法力量和执法权限。

（三）区域内部综合设置

针对执法环境的不同情况，在业务分块基础上，重点加强对开发区、园区等的执法创新，建立区域内综合执法机构，实施单列管理，开展综合执法业务。衢州市为进一步顺市级执法体制机制，按照"强两区、精两城、优本级"原则，优化市综合执法机构设置和智能配置，明确"两城、两区"区域内执法管辖边界。

二、优化执法人员管理

随着执法范围的扩大，基层综合行政执法整体承接能力偏弱，执法人员法律素养、专业水平参差不齐，执法专业人员缺乏等短板问题逐渐暴露，综合行政执法改革面临着如何实现执法人员由"专"到"全"的转型的问题。同时，对执法人员的专业技能没有统一要求和考核，原有执法人员的专业知识有限，容易影响公正执法。此外，对执法人员的监督力度有限、综合行政执法还未形成内外部监督的有机整体、监督规范不明确等，容易出现监督机制流于形式、救济途径不顺畅的问题。[1] 这些都是"大综合一体化"行政执法改革必须要解决的问题。

① 刘敏：《对深化街道综合行政执法改革的思考》，《行政科学论坛》，2022年第6期。

衢州市根据省统一部署，制定了《关于推行乡镇（街道）人员岗位和中层职数统筹管理的若干意见（试行）》管理办法，全面排摸执法队伍的机构数量、编制总量和人员情况，开展参照管理执法队伍重新认定。推进行政执法类公务员分类管理、分类招录、分类考核，同步做好人员过渡、职级套转和晋升等工作。建立执法人员编制规范管理和履职质效评估机制，完善执法人员日常管理、考核制度，加大派驻部门业务管理权限，强化"1+5+35"（综合执法部门＋专业执法部门＋赋权镇街）执法队伍日常管理，系统专业培训、优化四维考评、强化结果运用，全力保障执法队伍专注主职、规范专业。让"一支队伍管执法"从物理融合实现"化学融合"。

三、配强基层执法力量

基层执法大队需要行使的职能为逐年增多的趋势，但是编制人员却无明显变化，编制人员不足是执法大队无法全面履行职能的重要原因。改革前，在执法职能逐年增多、执法工作逐渐规范、群众法律意识逐年提升的情况下，人员安排的确是捉襟见肘，若完全按照法律法规规定的所有职能都要两名正式队员进行执法，那么基层执法大队的工作将无法开展，基层执法力量严重不足。

（一）下沉执法力量

衢州在"大综合一体化"行政执法改革中，严格落实基层管理体制改革"一下沉五统筹"要求，推动85%以上执法力量下沉县、乡两级，实现"县属乡用共管"。按照"编随事走、人随编走"原则，合理确定部门执法事项划转所对应的执法人员编制数。全市2537执法人员中有2255人下沉县乡，其中下沉乡镇（街道）一线1602人，占比87.75%。35支基层综合执法队由1050人增加至1222人（其中在编548人增加至753人、辅助502人下降至469人），扩大基层底盘，配强了基层执法力量，全面形成"一支队伍管执法"格局。

（二）提供专业培训

人员编制得到保障后，就要着手解决执法人员的专业培训问题。综合行政执法作为一个执法部门没有专业院校输送人才，执法局很多人是"半路出家"，招录公务员时很多是不限专业只限人员，没有执法经验也没有法律底子，故而执法队员要重新学起，而执法局没有系统的学习路径，使得很多执法人员的执法工作已经从事了好几年，却缺乏基本的执法素质。因此，改革前，虽然有相关的培训机制，但已不能满足执法的需求，加之缺乏自主学习，影响了执法队伍素质的整体提升。为解决这一问题，衢州市设立市、县两级培训中心，制定综合行政执法队伍规范化建设指导手册，编制年度培训工作方案和培训大纲，精准开展执法人员业务培训和法制培训，实现执法业务领域、人员覆盖率100%。针对新划转人员、新划转事项开展多轮业务培训，适时开展军事训练，打造全科执法队伍。

（三）加强业绩考核

"大综合一体化"行政执法改革工作纳入市对县（市、区）和市级部门、县对乡镇（街道）和县级部门的年度综合考核，并纳入县（市、区）委书记年终述职内容。完善乡镇（街道）执法人员"四维考评"体系，提升执法岗位工作在考评中的权重，推动执法人员聚焦主责主业，充分调动干部工作积极性和主动性。

第三节　以标准化为指引优化执法监督权责统一

行政执法行为属于具体行政行为范畴，只能由具有行政职权的行政主体做出。具体行政行为的对象是特定的，其行为效力仅限于特定人、特定事。[1]具体行政行为就需要一个统一的标准。基本公共服务的标准化是通过提供政治化、管理化、制度化价值来推进对基本公共服务的治理，涉及提供具体环境、提供的主体以及多元的参与者等，涵盖服务提供机制、评估机制、服务提供标准的量纲设置以及公共服务的具体内容。[2]综合行政执法是在相对集中行

---

① 沈亚平：《服务型政府及其建设路径研究》，天津人民出版社2017年版，第79页。

② 郁建兴、秦上人：《论基本公共服务的标准化》，《中国行政管理》，2015年第4期。

政集中处罚权基础上对执法工作的改革，综合行政执法改革不仅将日常管理、监督检查和实施处罚等职能进一步综合起来，而且据此对政府有关部门的职责权限、机构设置、人员编制进行相应整合，从体制上、源头上改革和创新行政执法体制。[①]

"大综合一体化"行政执法行为标准化建设是将基本公共服务标准化的概念运用至综合行政执法领域，通过制定、发布和实施标准达到执法队伍、执法机制、执法行为、执法保障达到统一，提升公共服务能力，实现综合行政执法领域内的最佳秩序和社会效益最大化。

一、"清单化"管理

党的十八届四中全会通过的《中共中央关于全面推进依法治国若干重大问题的决定》在第三部分"深入推进依法行政，加快建设法治政府"中，提出的第一个要求就是"依法全面履行政府职能"，其中提出了"推进机构、职能、权限、程序、责任法定化。……坚决纠正不作为、乱作为，坚决克服懒政、怠政，坚决惩处失职、渎职。……推行政府权力清单制度坚决消除权力设租寻租空间"。可见，清单是从整体上厘清政府职权及其运行的最佳方式。

衢州市全面归集执法事项，建立"执法目录总清单＋综合执法清单＋专业执法清单"三张清单，运用事项认领争议协调机制，规范争议事项认领标准及流程，调整部门和乡镇事项分配，及时动态更新完善（见图 15）。

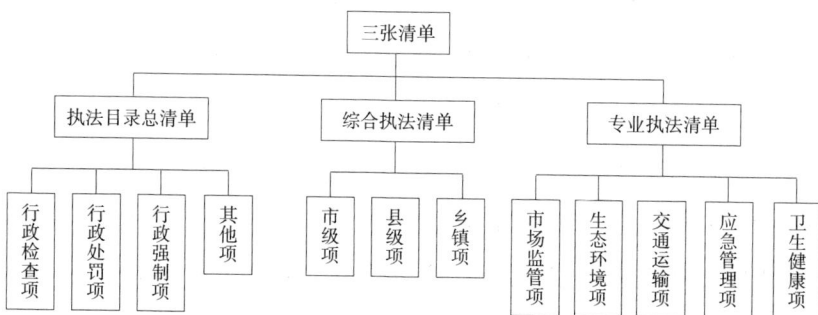

图 15　三张清单架构图

---

① 罗许生：《行政综合执法相关概念辨析》，《法制与社会（锐视版）》，2007年第5期。

目前，全市形成 41 个执法领域目录总清单，综合执法事项 2400 余项，占比 45%；五大专业执法事项 2447 项，其他事项 534 项，形成以综合执法事项为主的"橄榄型"事权集中配置结构。同时，围绕市、县、乡执法边界合理赋权，形成三级综合执法事项清单，其中市本级 800 余项，县级 2400 余项，乡镇级 590 余项。

二、"一件事"协调

综合行政执法的目的是减少多头执法、执法扰民等基层反映强烈的问题。对于与人民群众日常生产生活密切相关、多头重复交叉执法问题比较突出的执法事项，应当尽量按照"一件事"的标准整体划转，避免产生执法不作为或新的执法交叉问题，也有利于避免业务主管部门挑肥拣瘦、逃避责任。所以，在"大综合一体化"行政执法改革中，按照"一件事一流程"要求，建立健全责任落实机制，梳理事前事中事后监管"一件事"清单，形成横向到边、纵向到底的责任链条，把监管责任细化分解到每个部门、环节，实现"审批—监管—处罚—监管评价"全周期监管。针对职责交叉、容易推诿、群众反映强烈的事项，通过明晰职责、流程再造、集成智治、依法处置。权责明晰后，通过"一件事"协同办理机制，明确由一个部门牵头领办，通过跨部门、跨领域、跨层级协同，实现乡镇点单、部门报到、限时办结。

三、"制度化"保障

合理的制度安排能为创新主体提供激励和保护功能。正如丹尼尔·W.布罗姆利所说，任何一种制度的基本任务就是对个人行为形成一个激励集，通过这些激励，每个人都将受到鼓励而去从事那些对他们来说有益处的经济活动，但更为重要的是这些活动对整个社会有益。[1]现实中，综合执法人员往往没有完善的制度，导致执法手段单一、执法程序不规范的问题时有发生。

---

[1] 李正风：《制度与创新激励》，《青海社会科学》，2000年第2期。

改革中,衢州基于一体化推进"县乡一体、条抓块统"、基层管理体制、"大综合一体化"行政执法三项改革的系统性优势,围绕统筹执法事项、执法力量、执法活动、执法规范、执法保障、执法监督6个方面,重构执法运行制度规范和运行机制,保障执法监管工作高效有序开展。针对"1+5"改革后,执法部门与业务监管部门之间职责边界争议、推诿扯皮、配合不力等问题。系统形成"1+1+7+32"制度体系(1张思维导图,1本口袋手册,7个指导意见,32个专项制度),规范执法流程、执法保障,明确监管执法边界、跨层级跨领域边界。精准制定"两意见一规范一指引",处理好执法监管"七对关系"(综合执法部门和业务主管部门,综合执法部门和乡镇,中心镇和辐射镇,综合执法部门和5个部门,市执法局和两区,两城和两区,综合执法队员队伍和乡镇),明确6大方面10个问题处理对策。

四、"规范化"审核

法制审核,是确保行政执法机关做出重大执法决定合法有效的关键环节,是对行政处罚决定合法性审核的重要方式。《国务院办公厅关于全面推行行政执法公示制度执法全过程记录制度重大执法决定法制审核制度的指导意见》指出,"行政执法机关做出重大执法决定前,要严格进行法制审核,未经法制审核或者审核未通过的,不得做出决定"。《浙江省行政程序办法》第四十四条规定,"行政机关做出重大行政执法决定前,应当经法制审核"。所以,规范的法制审核是提升"大综合一体化"行政执法的必要保障。

为此,衢州市出台《关于建立"大综合一体化"法制审核指导服务机制的指导意见(试行)》,围绕落实行政执法公示、行政执法全过程记录、重大执法决定性法制审核"三项制度",定期组织行政执法规范性检查和案卷评查,推动各级执法机关遵守法定执法程序。建立健全行政执法与刑事司法衔接的长效工作机制以及双向案件咨询制度。特别是针对基层法制审核能力薄弱(主要依靠司法所司法助理员或综合执法部门派驻干部进行案件审核)。市、县两级依托综合执法局机关内设案审中心,基层以中心乡镇(街道)司法所为基础,整合周边现有法制审核力量,成立依法治理办公室,探索跨区域基层法制审核工作机制，市级指导县级重大疑难案件审核、县级审核一般案件、乡镇审核简易案件。

第四节　以技术赋能为支撑提升智慧执法水平

随着以大数据、区块链、云计算、人工智能为基础和牵引的各类新兴科技的加快融合与创新发展，人类社会进入了科技突破和治理演进的技术治理时代，日益形塑了虚实同构、智慧互动、数字生态的生产方式和生活方式。技术变革已经成为影响新时代国家治理优良性的重要因素，作为重大技术变革代名词的第四次工业革命，也往往会造成时代场景的整体性变换。"智慧社会将作为继农业社会、工业社会、信息社会之后的一种更高级的社会形态加速到来。"[①] 当前，以开放、协同、跨界、自控为主要特征的新一轮科技革命浪潮，为深化综合行政执法改革注入了新动能。"互联网＋"时代的智慧治理是一种将技术导向政府治理的复合治理思路，[②] 面对真实世界日渐呈现出碎片化、去中心、无结构的新特征，要求加快推进技术治理，开启以智慧治理为内核的综合行政执法改革新范式，推进改革从"碎片化"向"整体性"的转型跨越，促使综合行政执法更加精准和谐。以数字化、网络化、智能化等为特质的新一代信息通信技术（ICT）驱动政府技术治理，全方位重塑与再造综合行政执法组织、执法流程、政民互动、社会参与等体制机制，对执法体系产生了革命性催化，致使"互联网＋综合执法"具有战略必然性和技术可行性。换言之，通过对执法流程、组织构架、功能模块等的数字化重构，使以需求为导向的数字化变革推动政府理念革新、职能转变和体制机制重塑，提升智慧执法水平。

---

① 徐晓兰、李颋：《智慧社会来了，你准备好了吗》，《光明日报》，2018年2月1日。

② 沈赟伟：《智慧治理："互联网＋"时代的政府治理变革新模式》，《中共福建省委党校学报》，2019年第4期。

一、技术赋能综合执法改革的阐释

在新一轮科技革命中，"技术"特指以移动互联网、云计算、大数据、物联网为代表的新兴信息通信技术。学界对赋能的解释众说纷纭，有的将其解释为"赋予能力"或"决策权力的去中心化"，[①] 有的将其与"还权"挂钩，[②] 有的将其视为个体赋权的一种方式。[③] "赋能"并不是简单地赋予能力，而是激发行动主体自身的能力实现既定目标，也可以将其理解为行动主体实现目标提供一种新的方法、路径和可能性。工业界普遍认为，新兴信息技术在传统产业与新兴产业中的应用，能够从根本上促进行业升级与变革，其中的核心机制就是"赋能"。技术赋能提升了综合行政执法体系的信息供给总量，企业与社会组织、公民个体在信息平台上都成为新的信息供给者；新媒体技术赋予信息交流以扁平、实时、共享等特性，促进了信息传递向双向交互的"网络型"平行机制转变；大数据与人工智能等技术正在为不同治理场景提供更多的创新性应用服务，该过程正在赋予政府与非政府主体掌握复杂技术和学习治理规则的能力。[④]

技术治理是一种将现代信息技术与政府主导的多元社会治理体系相结合的综合思路，关键在于通过新技术提高治理效能，通过信息技术和计算科学支撑电子政务、大数据治理、智慧城市、智慧社会等实践。综合行政执法改革的衍生和变革与经济发展、社会进步的进度同向，是一个选择合适的行政生态和行政理论的完整过程。从知识层面的视角来看，智慧社会位于"金字塔"价值链的顶端，"智能"成为与土地、劳动、资本、信息具有同等重要地位的新生产要素。[⑤] 习近平总书记在党的十九大报告中提出"智慧社会"

---

① [美]斯坦利·麦克里斯特尔、坦吐姆·科林斯等著，林爽喆译：《赋能：打造应对不确定性的敏捷团队》，中信出版股份有限公司2017年版，第49页。

② 焦志勇：《简政放权与赋能还权：深化高等教育综合改革的路径探析》，《国家教育行政学院学报》，2014年第1期。

③ Hudon C，Tribble S-C D，Bravo G，et al.，Enablement in Health Care Context：A Concept Analysis. *Journal of Evaluationin Clinical Practice*，2011，17（1）.

④ 薛澜、张慧勇：《第四次工业革命对环境治理体系建设的影响与挑战》，《中国人口·资源与环境》，2017年第9期。

⑤ 丁波涛：《从信息社会到智慧社会：智慧社会内涵的理论解读》，《电子政务》，2019年第7期。

的新论断，以解决"不平衡、不充分的社会发展"。从世界范围内来看，数字英国战略、日本超智能社会、新加坡智慧国家建设、美国智慧城市等数字化和智慧化发展战略陆续被推出。虽然"智慧社会"尚未在全球形成统一概念，但重视新技术的应用，推动社会的智慧化发展的目标指向趋于一致，促进公共问题解决机制从"权威驱动"向"信息驱动"转变。在"大综合一体化"行政执法改革阶段，技术赋能描绘出了深化综合行政执法改革的科学命题，通过范式重构推动各个治理主体在共同目标之下分享资源、互相促进，并参与到公共政策的讨论和公共服务的供给过程之中。

二、技术赋能综合执法改革的经验

（一）"市域治理中心"：数字化协同的深化

新形势下，数字化成为推动改革迭代跃升的主要路径，也是推进"大综合一体化"行政执法改革的重要牵引。综合行政执法工作量大面广、纷繁复杂，只有纳入数字化改革跑道，才能实现"权力规则化、规则数字化、数字智能化"。因此治理中心的出现可以打破数据鸿沟、信息孤岛，对综合执法事项进行综合研判、联动指挥、联合执法。

作为执法监管数字应用全市域试点，衢州充分发挥数字化改革引领、撬动、规范作用，打造市域一体、行业集成、多维融合的"市域治理中心"，以"1+1+N+6"的架构模式即"1"个城市大脑赋能治理，"1"个市域治理平台统一指挥，N个综合业务模块横向整合市级部门业务，"6"个县域治理中心纵向贯通乡镇街4平台，重点开发推进城市运行、执法监管2大模块。平台通过城市大脑赋能，建设统一态势展示、统一事件汇集、统一指挥体系、统一场景应用、统一分析研判"五个统一"核心场景应用。形成整合各类视频的视觉中枢、统一物联设施的触觉中枢、全量数据分析的思维中枢、一体协同指挥的行动中枢、无缝平战转换的防御中枢"五个中枢"，实现态势感知研判、运行风险监测、统一协同指挥，事项全上平台、指挥全屏掌控、效能全面画像。

（二）"综合飞一次"：跨部门协作的推进

新时代，新型数字基础设施将对政府数字化转型起到重要的支撑作用，比如 5G、人工智能、大数据、区块链等新技术的广泛应用。这些现代信息技术将倒逼政府数字化转型，并促进执法监管迈向整体智治新模式。衢州市按照"权力规则化、规则数字化、数字智能化"要求，打造"智能巡检"，通过"综合飞一次"，一次性采集包括交通、环境、能源、房地产等多领域数据，形成全领域、跨部门、全覆盖、无盲区的执法监管体系，为执法检查提级赋能。衢州正在推进全市域无人机组网，已部署 23 台，覆盖 700 平方公里；2022 年底，预计可达 70 台，覆盖 2000 多平方公里，实现市域范围主要城乡无人机全覆盖。市级具有网内所有无人机设备调度和数据应用的最高权限，实现全域一网统管。而这一布局，将使原本需数月完成的市域全覆盖巡查缩短到数天，城市管理效率和效能将得到数十倍以上提升。

（三）"综合查一次"：全面领域场景的应用

利用丰富的数据来源，提升事件预警准确度，完善联合检查流程，常态化开展"综合查一次"。开发"非现场"执法相关场景应用，通过"全链条"式智能识别、取证、告知、提升执法效率。围绕助企为民痛点、难点、弱点，立足执法工作谋划了一批实用管用的场景应用，帮助企业、群众解决多跨、薄弱事项。例如，利用"掌上执法"应用，自动匹配人、事、权责清单，实现基层执法办案"一步到位"，当事人扫码缴款，全过程可缩短至 15 分钟；建设人行道违停自建系统，与"交管 12123"数据联通，市民可用浙里办、支付宝App 直接扫码办理综合执法人行道违停处罚业务，变"窗口排队办理"为线上即时完成。推广执法 U 指数，构建县域执法信用数据库，拓展"信用 + 执法监督"应用场景，推行"绿、黄、橙、红"四级评定，实现城市治理"U"礼先行。

第八章　改革的制约因素

改革开放以来，从1982年的《关于国务院机构改革问题的报告》到2018年的《国务院机构改革方案》，我国陆续推动了八次大规模的行政管理体制改革[①]，与其内容紧密相连的综合行政执法体制改革与深化问题也日益凸显。党的十八大以后，综合行政执法体制改革进入全面深化阶段。2015年中央编办印发《关于开展综合行政执法体制改革试点工作的意见》，推动全国22个省（自治区、直辖市）共138个试点城市开展综合行政执法体制改革，探索建立适应我国国情和社会经济发展要求的行政执法体制。2018年中共中央印发的《深化党和国家机构改革方案》将深化行政执法体制改革确定为深化机构改革的重要任务，要求在市场监管、生态环境、文化市场、交通运输、农业等多个领域建立综合执法队伍。根据党的十九届四中全会提出的"探索实行跨领域跨部门综合执法"精神，在浙江省全面推进"大综合一体化"行政执法改革的号召和鼓励下，衢州市融合"县乡一体、条抓块统"改革，整体推进"大综合一体化"行政执法改革。这项改革试点工作将构建和完善一个职责清晰、队伍精简、协同高效、机制健全、行为规范、监督有效的行政执法体制。

"大综合一体化"行政执法改革对于衢州市乃至浙江省综合行政执法体制的完善有重要作用。一方面，它有助于理顺行政执法体制，能有效避免多头执法、重复执法的发生；另一方面，它依托大数据发展，朝着法治化、标准化、智慧化与精细化的方向推进，有利于规范行政执法行为，提升我国行政执法能力[②]。但综合行政执法改革在有效推进的同时，也面临着实践困境。

---

① 谭宗泽、杨抒见：《综合行政执法运行保障机制建构》，《重庆社会科学》，2019年第10期。
② 杨阳：《综合行政执法改革的理念、法治功能与法律限制》，《四川大学学报（哲学社会科学版）》，2020年第4期。

有效识别行政执法改革的主要驱动因素，深入探讨哪些因素会影响和制约"大综合一体化"行政执法改革的发展，对于"大综合一体化"行政执法改革的提档升级具有重要意义。基于此，本章通过文献综述和定量分析方法，分析和探讨哪些因素对"大综合一体化"改革发展起到推动作用，为下一步的政策调整提供理论依据。

第一节　改革制约因素的文献综述

自 2002 年以来综合行政执法改革显现出一些特点（见附录 1）：一是改革试点范围大大拓展，从个别省份逐渐推广到全国各地；二是分领域执法理念逐渐形成，逐步推进综合行政执法改革的重点领域发展；三是行政执法队伍进一步整合，执法力量配置更加合理。综合行政执法改革是一个系统工程，涉及顶层设计、制度体系、法治环境等诸多因素，这决定了改革的错综复杂性。一方面，行政执法的改革与政府—市场关系、国家—社会关系的调整密切相关，本质上是处理政府与市场、国家与社会的关系；另一方面，它也与政府内部组织结构和治理体系的变革紧密相连。2002 年行政执法体制改革的侧重点开始从相对集中行政处罚权逐步过渡到综合行政执法，而且改革领域也突破城市管理领域，在文化市场监管、农业管理、交通运输管理等更多领域探索综合执法模式。[1] 那么，综合行政执法改革的整体推进过程中，究竟哪些因素会显著影响改革的发展？不同因素对改革的影响程度是否存在差异？

综观文献，学者们普遍关注法律法规对行政执法改革的影响和制约。改革和法治如鸟之双翼、车之双轮，相辅相成，相伴而生。法律法规存在缺位，立法滞后于实践，极易影响综合行政执法改革的成效。[2] 我国综合行政执法改革模式虽已基本形成，但实践中暴露出合法性支撑不足、合理性欠缺等问

---

[1]　吕普生：《中国行政执法体制改革40年：演进、挑战及走向》，《福建行政学院学报》，2018年第6期。

[2]　殷星辰、汤道刚：《北京市文化市场综合执法改革面临的法律困境与对策建议》，《新视野》，2007年第4期。

题。① 例如,在生态环境保护综合行政执法改革方面,虽然立法取得了突破性进展,法治体系初具雏形,但仍存在高位阶立法支撑单薄、地方立法特色不足、内容规定不完善等问题。② 综合行政执法改革是在相对集中行政处罚权的基础上对行政执法体制的深入改革,涉及对组织法、程序法、行业监管法等众多法律法规的修改调整,需要在法治轨道上进行。③ 例如,应保障政府在机构设置、职权调整等相关措施的合法性,且新的行为主体与职权范围需在法律规范内明确。执法职责是否整合、执法依据是否明确、执法标准是否统一、执法程序是否重塑等问题,仍然制约着综合行政执法改革的发展。

另外,综合执法机构与职能部门的关系等体制性问题尚未理顺,建立衔接有效的执法机制过程中,仍然存在运行过程碎片化、信息共享机制不健全、配套制度不完善等问题。④ 综合行政执法机构间的交流衔接不畅,且综合行政执法的信息畅通性建设不足,⑤ 未能建立起有效的跨区域、跨部门、跨领域执法协作机制,导致执法协作以不定期、运动式联合执法为主,缺乏常规性、制度化的执法协作。大数据时代背景下要求信息交流真实、畅通,为综合行政执法提供重要数据支持,而信息流通不畅将阻碍行政活动的顺利开展。综合行政执法改革应当依托现代信息技术成果,尽可能加强信息技术等数据化手段在综合执法中的运用,将执法人员从冗杂的执法事务中解放出来,提高执法效率。当前对政务大数据的安全性、真实性以及保密度有严格要求,但统一的政务数据标准尚未制定。这些都是当前改革过程中较为突出的问题,同时也为改革提供了新的思路。

除了制度设计、组织治理、政策评估等宏观层面的制约因素,也有学者从微观层面着手,关注综合行政执法主体能力建设问题,研究改革过程中个

---

① 杨丹:《综合行政执法改革的理念、法治功能与法律限制》,《四川大学学报(哲学社会科学版)》,2020年第4期。
② 李爱年、何双凤:《掣肘与破解:生态环境保护综合行政执法的立法不足与完善》,《中国政法大学学报》,2022年第2期。
③ 韩雪峰:《完善市场监管和执法体制——"市场监管领域综合行政执法体制改革研讨会"会议综述》,《中国行政管理》,2018年第8期。
④ 吕普生:《中国行政执法体制改革40年:演进、挑战及走向》,《福建行政学院学报》,2018年第6期。
⑤ 谭宗泽、杨抒见:《综合行政执法运行保障机制建构》,《重庆社会科学》,2019年第10期。

体的态度和行为方面。[1][2][3] 执法队伍是另一个制约综合行政执法改革发展的重要因素。执法队伍是改革的基础保障，特别是行政执法具有很强的专业性和法律性，对执法人员的素质要求非常高。综合行政执法目标需要依靠专业执法人员完成，执法人员的个人素质将直接影响综合执法效果。[4] 目前，基层执法队伍在人员整合上仍存在数量、质量瓶颈问题，[5] 配、编制与岗位定位不整合等。例如，教育行政部门执法人员专业化程度偏低，影响了教育行政执法效果。[6] 执法机构改革后，部分执法人员从上级机关派驻到基层一线，晋升空间、发展机会难免受到影响，人员力量下沉面临阻力。此外，执法经费与物质装备是综合执法机构开展日常执法活动的必要前提，缺少足够的经费保障、执法人员福利待遇不同步、"同工不同酬"等问题，也将影响执法人员的工作积极性和工作情绪。但改革的制约因素不能简单归咎于行政主体—人的思想、道德水平存在问题，而是要建立一个合理的、令人信服的政治愿景，作为行政体制不断完善的思想基础。[7]

从现有文献研究成果可以看出，当前我国综合行政执法改革尚存许多问题，包括法律法规建设、合法性支撑仍显不足；行政执法体制关系未能得到有效梳理；行政执法权的集中未受合理性原则的有效制约、执法主体力量不强等。因此，需要不断总结当前经验，对影响改革成效的重点制约因素进行探索，并以之为努力方向继续推进改革。

---

[1]　Hameduddin T., Fernandez S., Employee Engagement as Administrative Reform: Testing the Efficacy of the OPMs Employee Engagement Initiative，*Public Administration Review*，2019年第3期。

[2]　刘帮成：《机构改革行进中基层干部何以主动行为——一个基于事件系统理论的探索》，《行政论坛》，2022年第2期。

[3]　刘帮成、孙思睿：《机构改革行进中人力资源实践的检视与重构——以L县综合行政执法类机构为例》，《公共行政评论》，2022年第4期。

[4]　程琥：《综合行政执法体制改革的价值冲突与整合》，《行政法学研究》，2021年第2期。

[5]　彭江辉、王思庆：《机构改革背景下市场监管综合行政执法改革的困境与对策——以湖南省为例》，《湖南科技大学学报（社会科学版）》，2020年第3期。

[6]　彭虹斌：《教育行政执法"局队合一"体制改革研究》，《教育理论与实践》，2022年第25期。

[7]　陈慧平：《当前行政体制改革的深层制约因素研究》，《云南行政学院学报》，2013年第1期。

第二节 改革制约因素的分析框架

综合行政执法改革是执法体制从分散化走向综合化的过程，包括机构、人员、职能、制度、平台等要素的综合化。本章将以衢州市综合行政执法改革的整体发展情况为研究对象，通过实证调查和定量分析，探讨对我国综合行政执法改革发展有显著影响的制约因素。

一、分析框架

本章主要将行政生态理论和整体政府理论作为问题分析和判断的指导依据。行政生态学的创始人佛雷德·里格斯分析了行政生态的要素构成。他认为，影响一个国家行政的生态要素是各种各样的，但其中最主要的有五个要素：经济要素、社会要素、沟通网、符号系统和政治构架[①]。其中，经济要素决定和塑造一个国家的行政模式，是影响国家行政的第一位因素；社会要素主要指各种社会组织，包括以血缘关系为纽带结成的自然团体（如家庭、家族等）和以利益关系为纽带结成的人为团体（统称"社团"）；沟通网包括社会的文化水平、使用语言的状况、社会舆论的力量，以及通信和交通的状况等使整个社会互相"沟通"的手段；符号系统指包括政治神话、政治法则、政治典章在内的一整套政治符号系统；政治构架则指政治与行政实际上存在着的"功能依存关系"。行政生态理论重视特定的公共行政生态环境，不同生态要素对综合行政执法起影响和塑造作用。而另一种缘起于英国、作为解决跨部门问题的政府改革理论——整体性治理受到国内学者的重视，[②] 它旨在推动社会公共事务向整体治理的方向发展，[③] 认为通过跨部门跨层级的高效协作，使公共服务供给等领域从分散化走向一体化。在整体性治理理论视角下，改革应从"整体政府"的目标和价值方向努力去整合碎片化的综合执法要素。

---

① 唐兴霖：《里格斯的行政生态理论述评》，《上海行政学院学报》，2000年第3期。
② 刘学平、张文芳：《国内整体性治理研究述评》，《领导科学》，2019年第4期。
③ 王敬波：《面向整体政府的改革与行政主体理论的重塑》，《中国社会科学》，2020年第7期。

根据前人相关文献资料、综合执法部门实施方案和调研结果等材料，本章梳理出 6 类行政执法改革的制约因素（见表 14），共选取了 16 个影响综合行政执法改革发展的自变量，建立相应的分析框架（见图 16）。本研究的因变量为综合行政执法的改革成效，划分为 6 个等级，由调查对象对当前"大综合一体化"行政执法改革成效进行判断，据此以反映综合行政执法的改革情况。

表 14　"大综合一体化"行政执法改革的制约因素

制约因素	具体内容
对改革的认知	行政执法人员对改革工作的认知度和认同度、对改革制度的了解程度等
执法事项权责清单	综合行政执法改革事项清单的权责设置
对行政执法的保障	综合行政执法配套制度的完善程度、资源分配程度等
执法队伍的特征	执法人员的综合福利待遇、行政执法人员的能力水平和数量配备等
执法沟通的顺畅	综合行政执法机构上下级的纵向沟通、同级的横向沟通，以及与社会之间的沟通关系等
执法中的数字应用	数字执法技术的应用频率、对执法工作的支持度等

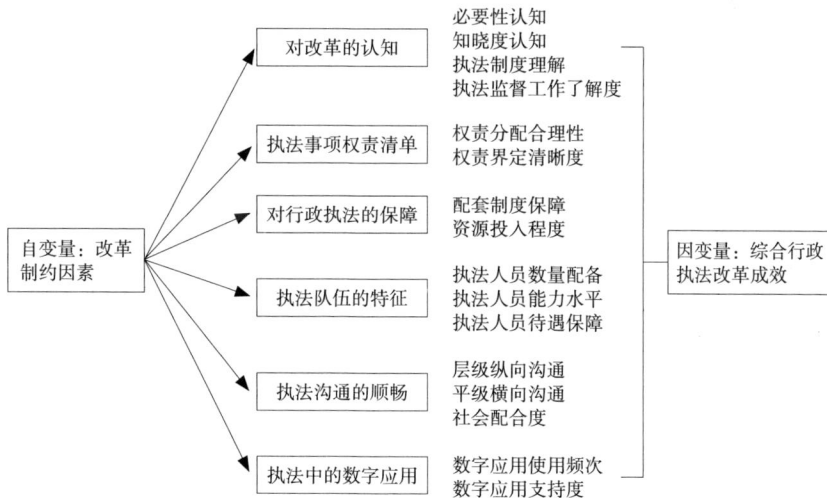

图 16　分析框架

二、样本情况与变量描述

本章数据来源于对浙江省衢州市综合行政执法领域公务人员的问卷调查。在本书的第六章已构建了一个改革成效指标体系，对"大综合一体化"行政执法改革的两类参与主体（执法主体和执法对象）进行了问卷调查。而本章将从调查结果中提取相关信息（见附录 2），进一步分析改革的制约因素。从样本结构看（见表 15），问卷调查对象主要集中在衢州市各县（市、区）直接从事行政执法工作或工作与行政执法有关联的领域，分布较为均匀；从调查对象的职务层级看，主要来自普通干部，能够更加直观感知执法效果并做出客观判断；从调查对象的学历水平看，74.4% 来自本科及硕士以上，能够较好地反映综合行政执法改革的现状。自变量和因变量的描述情况（见表 16）。

表 15　样本结构统计

	项目类别	样本量（n=1910）	占比（%）
性别	男	1341	70.2%
	女	569	29.8%
从事执法工作情况	直接从事行政执法工作	878	44.0%
	工作与行政执法有关联	714	35.8%
	与行政执法工作无关	402	20.2%
职务层级	班子成员	79	4.1%
	中层干部	473	24.8%
	普通干部	939	49.2%
	其他	419	21.9%
学历	高中 / 中专 / 技校及以下	129	6.8%
	大学专科	366	19.2%
	大学本科	1357	71.0%
	硕士及以上	58	3.0%
工作单位所在区域	市本级	75	3.9%
	柯城区	313	16.4%
	衢江区	47	2.5%
	龙游县	176	9.2%
	江山市	948	49.6%
	常山县	127	6.6%
	开化县	224	11.7%

表 16　变量描述（n=1910）

	变量		样本量	极小值	极大值	均值	标准差	标准误
因变量		Y：行政执法改革成效	1910	1	5	4.085	0.948	0.022
自变量	改革认知	A1：必要性认知	1910	1	5	4.351	1.019	0.023
		A2：知晓度认知	1910	1	5	3.951	0.882	0.020
		A3：执法制度理解	1910	1	5	4.108	0.809	0.019
		A4：执法监督工作了解度	1910	1	5	4.120	0.803	0.018
	执法事项	B1：权责分配合理性	1910	1	5	4.070	0.831	0.019
		B2：权责界定清晰度	1910	1	5	4.019	0.864	0.020
	执法保障	C1：配套制度保障	1910	1	5	4.037	0.847	0.019
		C2：资源投入程度	1910	1	5	3.950	0.875	0.020
	执法人员	D1：执法人员数量配备	1910	1	5	3.876	0.922	0.021
		D2：执法人员能力水平	1910	1	5	3.979	0.867	0.020
		D3：执法人员待遇保障	1910	1	5	3.876	0.906	0.021
	执法沟通	E1：层级纵向沟通	1910	1	5	3.953	0.895	0.020
		E2：平级横向沟通	1910	1	5	4.193	0.805	0.018
		E3：社会配合度	1910	1	5	3.983	0.867	0.020
	数字执法	F1：数字应用使用频次	1910	1	5	4.137	0.790	0.018
		F2：数字应用支持度	1910	1	5	4.101	0.814	0.019

第三节　改革制约因素的实证结果

本章共选取了 16 个影响改革成效的自变量，为找出变量之间的共性规律，需要进行因子分析，找出共同因子。然后对因子进行命名用于回归分析，研究不同因素对改革成效的影响程度，最终得出结论。

一、KMO 检验和 Bartlett 球形检验

在进行因子分析之前，对变量数据进行 KMO 检验和 Bartlett 球形检验，

以确定各个变量因素之间是否存在共同因子，适合进行因子分析。KMO 值反映的是变量数据之间的共同性，取值范围为 0~1。当 KMO 值大于 0.6 时，越接近 1，表示变量数据之间的一致性越好，含有共同因子，适合做因子分析；当 KMO 值低于 0.6 时，说明变量数据之间缺乏共同因子，一致性不强，不太适合做因子分析。同时，Bartlett 球性检验结果也是衡量变量数据是否适合做因子分析的标准，检验结果必须达到显著水平（$p<0.05$）才适合进行因子分析。通过运用 SPSS 22.0 软件对变量数据进行 KMO 检验和 Bartlett 球形检验，检验结果显示 KMO 值为 0.968，Bartlett 球形检验结果显著性低于 0.05（见表 17），达到显著水平，说明变量数据适合做因子分析。

表 17　KMO 值和 Bartlett 球形检验结果

检验项目及内容		检验结果值
KMO 值		0.970
Bartlett 球形度检验	近似卡方	36593.438
	df	120
	p 值	0.000

二、探索性因子分析

接下来采用探索性因子分析法（主成分分析、最大方差法）对变量数据进行分析发现，公因子方差代表了公因子从变量提取的有关信息，所有研究项对应的共同度（公因子方差）值均高于 0.4，意味着研究项和因子之间有着较强的关联性，因子可以有效提取出信息。一般而言，大于 0.5 就可以接受。从表 18 中可以看出，公因子从各变量提取信息都大于 0.8，可以较好地表达和解释各变量的数据信息。

确保因子可以提取出研究项大部分的信息量之后，接着分析因子和研究项的对应关系情况。根据以下标准对不合适的条目进行删减：共同度小于 0.40、因子负荷小于 0.50、同时在三个因子上负荷大于 0.40 的因子。接下来查看分析项是否需要调整（见表 18）。因子分析是一个多次重复的过程，比如删除某个或多个题项后，则需要重新再次分析进行对比选择等，最终目的在于查看因子与分析项的对应关系与专业知识情况基本吻合。从表中可看出个别项与6个因子之间的对应关系不符合（见表19），因此在这里根据专业知识判断对A1、A2项进行删除处理后，再查看结果。

表18 总方差解释（第一次因子分析）

因子编号	特征根			旋转前方差解释率			旋转后方差解释率		
	特征根	方差解释率（%）	累积（%）	特征根	方差解释率（%）	累积（%）	特征根	方差解释率（%）	累积（%）
1	11.603	72.520	72.520	11.603	72.520	72.520	4.104	25.648	25.648
2	0.796	4.973	77.494	0.796	4.973	77.494	2.742	17.139	42.787
3	0.650	4.061	81.554	0.650	4.061	81.554	2.733	17.081	59.868
4	0.517	3.232	84.786	0.517	3.232	84.786	2.021	12.630	72.498
5	0.448	2.801	87.587	0.448	2.801	87.587	1.371	8.567	81.066
6	0.312	1.948	89.535	0.312	1.948	89.535	1.355	8.470	89.535
7	0.271	1.694	91.229	–	–	–	–	–	–
8	0.234	1.460	92.689	–	–	–	–	–	–
9	0.209	1.305	93.994	–	–	–	–	–	–
10	0.177	1.109	95.103	–	–	–	–	–	–
11	0.170	1.060	96.163	–	–	–	–	–	–
12	0.149	0.932	97.095	–	–	–	–	–	–
13	0.141	0.880	97.975	–	–	–	–	–	–
14	0.131	0.819	98.794	–	–	–	–	–	–
15	0.102	0.635	99.429	–	–	–	–	–	–
16	0.091	0.571	100.000	–	–	–	–	–	–

表19 旋转后因子载荷系数表（第一次因子分析）

名称	因子载荷系数						共同度（公因子方差）
	因子1	因子2	因子3	因子4	因子5	因子6	
A1：必要性认知	0.186	0.207	0.166	0.152	0.134	0.921	0.994
A2：知晓度认知	0.178	0.181	0.186	0.154	0.924	0.133	0.994
A3：执法制度理解	0.449	0.309	0.414	0.508	0.282	0.213	0.851
A4：执法监督工作了解度	0.451	0.258	0.580	0.379	0.255	0.205	0.857
B1：权责分配合理性	0.322	0.675	0.345	0.265	0.231	0.289	0.885

续表

名称	因子载荷系数						共同度（公因子方差）
	因子1	因子2	因子3	因子4	因子5	因子6	
C1：配套制度保障	0.627	0.340	0.394	0.359	0.178	0.200	0.864
C2：资源投入程度	0.793	0.258	0.351	0.208	0.165	0.162	0.915
D1：执法人员数量配备	0.658	0.564	0.147	0.232	0.162	0.141	0.872
D2：执法人员能力水平	0.525	0.540	0.315	0.348	0.159	0.132	0.830
D3：执法人员待遇保障	0.809	0.237	0.364	0.160	0.140	0.161	0.914
E1：层级纵向沟通	0.560	0.504	0.300	0.372	0.148	0.153	0.842
E2：平级横向沟通	0.281	0.310	0.339	0.758	0.174	0.180	0.926
E3：社会配合度	0.550	0.401	0.312	0.466	0.149	0.164	0.827
F1：数字应用使用频次	0.388	0.297	0.752	0.273	0.193	0.136	0.934
F2：数字应用支持度	0.405	0.324	0.724	0.262	0.156	0.189	0.922

通过反复的比较，然后再根据条目内容与所在维度关系进行删减，经过多次探索性因子分析，删除条目 A1、A2、D3、E2，最终得到 6 个公因子，累积方差解释率为 92.975%（具体结果见表 20、表 21）。

表 20　总方差解释（最终结果）

因子编号	特征根			旋转前方差解释率			旋转后方差解释率		
	特征根	方差解释率（%）	累积（%）	特征根	方差解释率（%）	累积（%）	特征根	方差解释率（%）	累积（%）
1	9.524	79.363	79.363	9.524	79.363	79.363	2.675	22.292	22.292
2	0.522	4.351	83.714	0.522	4.351	83.714	2.153	17.941	40.233
3	0.365	3.041	86.756	0.365	3.041	86.756	2.128	17.733	57.967
4	0.273	2.272	89.027	0.273	2.272	89.027	1.518	12.647	70.614
5	0.246	2.050	91.078	0.246	2.050	91.078	1.358	11.317	81.930
6	0.228	1.897	92.975	0.228	1.897	92.975	1.325	11.044	92.975
7	0.175	1.462	94.437	−	−	−	−	−	−
8	0.169	1.407	95.843	−	−	−	−	−	−
9	0.148	1.233	97.077	−	−	−	−	−	−
10	0.136	1.134	98.211	−	−	−	−	−	−
11	0.118	0.983	99.194	−	−	−	−	−	−
12	0.097	0.806	100.000	−	−	−	−	−	−

表 21 旋转后因子载荷系数表（最终结果）

名称	因子载荷系数						共同度（公因子方差）
	因子1	因子2	因子3	因子4	因子5	因子6	
A3：执法制度理解	0.382	0.344	0.286	0.267	0.650	0.320	0.943
A4：执法监督工作了解度	0.579	0.309	0.301	0.286	0.524	0.149	0.899
B1：权责分配合理性	0.321	0.753	0.292	0.204	0.270	0.259	0.937
B2：权责界定清晰度	0.334	0.721	0.371	0.268	0.203	0.207	0.925
C1：配套制度保障	0.382	0.365	0.297	0.540	0.372	0.340	0.913
C2：资源投入程度	0.377	0.270	0.378	0.710	0.224	0.229	0.964
D1：执法人员数量配备	0.240	0.354	0.721	0.370	0.164	0.240	0.925
D2：执法人员能力水平	0.383	0.324	0.688	0.192	0.334	0.227	0.925
E1：层级纵向沟通	0.382	0.358	0.509	0.273	0.189	0.497	0.890
E3：社会配合度	0.354	0.333	0.327	0.280	0.286	0.667	0.949
F1：数字应用使用频次	0.788	0.279	0.263	0.240	0.252	0.239	0.946
F2：数字应用支持度	0.771	0.315	0.272	0.267	0.198	0.253	0.942

为了呈现本研究选取的 12 个变量都分别收敛于哪个公因子，基于主成分分析法，运用 Kariser 标准化最大方差法对变量数据进行旋转，旋转后的成分矩阵（见表 22）。结果显示，数字应用使用频次（F1）和数字应用支持度（F2）可收敛于第一个公因子，将其命名为数字执法影响因子；权责分配合理性（B1）和权责界定清晰度（B2）可收敛于第二个公因子，将其命名为执法事项影响因子；执法人员数量配备（D1）和执法人员能力水平（D2）可收敛于第三个公因子，将其命名为执法队伍影响因子；配套制度保障（C1）和资源投入程度（C2）可收敛于第四个公因子，将其命名为执法保障影响因子；执法制度理解（A3）和执法监督工作了解度（A4）收敛于第五个公因子，将其命名为改革认知影响因子；层级纵向沟通（E1）和社会配合度（E3）收敛于第 6 个公因子，将其命名为"执法沟通影响因子"。

表 22　成分得分系数矩阵

名称	成分					
	成分 1	成分 2	成分 3	成分 4	成分 5	成分 6
A3：执法制度理解	−0.353	−0.150	−0.168	−0.212	1.354	0.063
A4：执法监督工作了解度	0.206	−0.152	−0.002	−0.093	0.820	−0.555
B1：权责分配合理性	−0.174	1.042	−0.342	−0.197	−0.069	−0.105
B2：权责界定清晰度	−0.095	0.957	−0.132	−0.002	−0.315	−0.339
C1：配套制度保障	−0.233	−0.009	−0.395	0.772	0.207	0.107
C2：资源投入程度	−0.118	−0.173	−0.165	1.392	−0.290	−0.317
D1：执法人员数量配备	−0.223	−0.144	0.956	0.101	−0.263	−0.298
D2：执法人员能力水平	−0.013	−0.295	1.032	−0.583	0.314	−0.346
E1：层级纵向沟通	0.003	−0.148	0.282	−0.252	−0.394	0.771
E3：社会配合度	−0.179	−0.192	−0.301	−0.201	−0.096	1.487
F1：数字应用使用频次	0.877	−0.156	−0.108	−0.212	−0.348	−0.083
F2：数字应用支持度	0.864	−0.059	−0.141	−0.112	−0.562	−0.037

三、回归分析

通过回归分析可以反映变量之间的相关关系，同时呈现解释变量对被解释变量的影响程度。通过因子分析后，在变量中提取了 6 个公因子，在回归分析过程中，以 6 个公因子作为解释变量，确定其影响被解释变量的程度。运用 SPSS 22.0 软件对相关变量进行线性回归，结果如下表所示（见表 23、表 24、表 25）。

表 23　模型汇总（中间过程）

R	R^2	调整 R^2	模型误差 RMSE	DW 值	AIC 值	BIC 值
0.828	0.686	0.685	0.532	1.972	3021.173	3060.057

表 24　方差表格

	平方和	df	均方	F	p 值
回归	1177.171	6	196.195	691.511	0.000
残差	539.918	1903	0.284		
总计	1717.090	1909			

表 25　回归系数显著性检验表（n=1910）

	非标准化系数		标准化系数	t	p	95% CI	VIF
	B	标准误	Beta				
常数	−0.424	0.073	−	−5.792	0.000**	−0.567 ~ −0.280	−
改革认知	0.494	0.034	0.371	14.361	0.000**	0.427 ~ 0.562	4.038
执法事项	0.197	0.032	0.170	6.100	0.000**	0.134 ~ 0.261	4.683
执法保障	0.138	0.038	0.121	3.596	0.000**	0.063 ~ 0.213	6.827
执法人员	0.080	0.040	0.070	1.995	0.046*	0.001 ~ 0.158	7.374
执法沟通	0.049	0.040	0.041	1.214	0.225	−0.030 ~ 0.128	6.800
数字执法	0.147	0.032	0.121	4.566	0.000**	0.084 ~ 0.211	4.284
因变量：Y：改革成效							
* $p<0.05$　** $p<0.01$							

根据回归分析结果（见表 23）可知，模型 R^2 为 0.686，说明自变量能解释改革成效 68.3% 的变化原因。德宾 - 沃森（DW）值为 1.972 接近于 2，说明残差项间无相关。对模型进行 F 时发现模型通过 F 检验（F=691.511，p=0.000<0.05），至少有一项变量会对改革成效产生影响。从结果中可见，改革认知、执法事项、执法保障、执法人员、数字执法会对综合行政执法改革的成效产生显著的正向影响，但是执法沟通并不会对改革成效产生影响。其中，对改革成效影响最大的是改革认知（回归系数为 0.371），接下来依次是执法事项（0.170）、执法保障（0.121）、数字执法（0.121）和执法人员（0.070）。这也与问卷调查中调查对象的选择意向基本符合（见表 25、表 26）。

表26　纵深推进行政执法改革的重点

未来关注和突破的重点	选择频次	占人数百分比（%）
执法事项更科学	1400	69.9%
执法力量更强大	1184	59.1%
执法活动更协同	1092	54.5%
执法保障更有力	1054	52.6%
执法规范更到位	893	44.6%
执法技术更高效	770	38.5%
执法监督更有效	740	37.0%
其他	59	2.9%

第四节　改革制约因素的结果讨论

"世界上没有这样一个地区：那里的国家对公共官僚和文官制度表示满意。"[①] 对于人类社会来说，有了国家和政府，也就有了行政管理。在不同的历史时期，随着自然、社会、思想文化的不断变迁，不同地区的行政体制也会随之做出相应的调整和改变。在这个过程中，综合行政执法改革的着力点应有所侧重，不但要全面兼顾改革过程中的各类问题，还要重点关注具有关键影响的问题领域。这体现在以下四个方面：一是重点提高对改革制度的认知，二是进一步厘清执法权责事项清单，三是加强执法的技术支持与经费保障制度，四是建设优质专业的综合行政执法队伍。

一、重点提高对改革制度的认知

行政体制改革不仅是政治行为，还受到人的思想文化系统的影响和制约。[②] "人们按照自己的物质生产的发展建立相应的社会关系，正是这些人

---

① [美]帕特里夏·英格拉姆著，国家行政学院国际交流合作部编译：《公共管理体制改革的模式》，国家行政学院出版社1998年版，第65页。

② 陈慧平：《当前行政体制改革的深层制约因素研究》，《云南行政学院学报》，2013年第1期。

又按照自己的社会关系创造了相应的原理、观念和范畴。所以，这些观念、范畴也同它们所表现的关系一样，不是永恒的。它们是历史的暂时的产物。"[①]改革是一种有目的、有计划的变革手段，[②]改革或变革的成功离不开当事人的主动参与和积极支持。[③]当置身于改革的不确定性环境中时，个体的态度与行为随着当事人在改革中的情感与认知变化，主动适应或被动接受地发生着。[④]

在"大综合一体化"行政执法改革过程中，应重点促进行政执法系统内部的工作人员形成关于改革制度的共同意识或统一思想，以强调凝聚工作人员对行政执法改革的共识为核心，激发其主动担当和积极作为。依据资源依赖理论（RDT），机构改革过程中，基层干部的主动行为可依据行为的资源差异（即个体对改革相关的知识与信息等资源掌握的差异情况）来判断。当改革行进过程中基层干部具有较多相关知识和信息资源时，基层干部能够在改革中游刃有余，不畏惧可能发生的冲突或矛盾。[⑤]因此，有必要通过宣传、学习、培训等方式，营造执法工作人员理解与支持机构改革的氛围。同时，针对不同群体的个性特征和心理需求，塑造其对改革的共同思想，并将其内化为对改革工作的高度支持和行动上的积极配合，提升工作人员适应行政执法改革的信心、能力、动机和行为方式，以实现改革中期待的"化学反应"发生。

二、进一步厘清综合行政执法的权责事项清单

综合行政执法改革涉及大规模的事权下放，通过建立权责清单制度规范

[①]　中共中央马克思恩格斯列宁斯大林著作编译局编译：《马克思恩格斯全集》第1卷，人民出版社2016年版，第222页。

[②]　*Public Management Reform: A Comparative Analysis*，牛津大学出版社2017年版，第3—4页。

[③]　Ahmad A. B., Straatmannt T., MUELLER K, et al., Employees Change Support in the Public Sector—A Multi Time Field Study Examining the Formation of Intentions and Behaviors, *Public Administration Review*，2021年第2期。

[④]　Tummers L., Kruyen P. M., Vijverberg D. M., Voesenek T. J., Connecting HRM and Change Management: The Importance of Proactivity and Vitality, *Journal of Organizational Change Management*，2015年第4期。

[⑤]　刘帮成：《机构改革行进中基层干部何以主动行为——一个基于事件系统理论的探索》，《行政论坛》，2022年第2期。

政府权力，把由政府行使的权力纳入权责清单，是推进改革的自我革命和必然举措。这有利于解决纵向各级政府职责同构、重叠管理，以及横向相关政府部门对同一事项职责不清、重复管理或相互推诿等问题，使每一个管理事项有一个明确的管理主体。要确定各项权责事项清单的制定标准是有效的，有必要进行持续探索，厘清行政权力清单内容和明确行政管理职责边界，不断深化权责清单制度建设，加快形成系统完备、科学规范、运行高效、权责统一、依法保障的政府职能体系。

在不断深化综合行政执法改革中，充分发挥权责清单基础性作用，加强对行政处罚、行政强制事项的源头治理。权责清单制度不可能一步到位，它的建立和完善要与相应领域的改革相适应、与相关法律法规的立改废相同步，具体可从以下几个方面考虑：一是增加事权下放的科学论证程序，确保基层实际治理需求与治理能力相匹配，避免出现事权下放后基层部门无力承担的困境。二是优化执法事项目录的动态调整精度，精准把握"管理迫切需要"的规范内涵，根据本地区、本阶段的改革进程与实际需求进行调整，最大化符合综合行政执法的实践需要。三是提升横向部门多跨整合集成度，重视制度化、常态化和有效化的跨部门协作，确保权责事项落实到位。

三、加强执法的数字化技术支持与配套保障制度

行政体制的变革并不是孤立的系统，它必须与外部的政治经济和社会等相关制度的改革相配套、相适应并协同进行。数字化改革的应用与发展使政府有更多的方式和渠道获取各地区各领域的信息，从而对浩瀚繁杂的大数据进行分析管理，转换为有效的信息运用于政府部门的决策和日常管理中。截至目前，对于执法、监管等数据全量分析研判和预测预警预报能力还不够突出，缺少对全方位多层级和跨领域海量数据的汇聚和对数据赋予算法算力的深度应用。同时，也缺少懂大数据技术理念、会大数据思维方法的领导干部和工作人员，数据归集能力较弱。系统应用的缺失加之人才资源的匮乏，导致无法高质量研判。

当前信息化建设机制不够完善，未能够让全市所有行业领域的审批数据、

监管职能科室和工作人员的碎片化信息、工作流水、执法信息等数据，进入同一个平台和数据池。需要进一步增加算法、提升算力，增强各类数据的融通和孪生，产生精准的监督指令和督查整改清单，统筹所有行业执法元素来全面加强监管。在对事件来源进行统一归集、对事件过程形成线下工作闭环和线上数据流程、对事件结果进行科学有效评估的基础上，还要全面加强以大数据思维武装社会治理中心团队的大脑。建立统一的综合执法大平台，对已有资源优化整合，实现多领域、多专业、多层级的执法信息共享，实现最大限度的资源利用，提高执法数据利用率和执法工作智能化，推动综合行政执法改革顺利进行。此外，综合行政执法配套制度和资源分配须进一步加强。在综合行政执法资源的分配中，综合考虑各方面因素，保证执法资源的相对平衡。

四、建设优质专业的综合行政执法队伍

执法队伍是改革的基础保障，制度再好，也要执行到位。20 世纪 20 年代末到 30 年代初，哈佛大学教授梅奥在霍桑工厂进行了著名的"霍桑实验"，发现人并不是单纯追求经济利益，生产效率的高低受工人士气高低的影响，由此提出"社会人"的概念，同时将非正式组织的概念引入管理学。霍桑实验开创了对人及其行为研究的先河。组织是由个人所组成的系统，不仅要注意应用定量方法、计算技术、数字化改革等新的科学方法，还要重视人的心理因素、人际关系等社会因素在改革过程中所起的作用。行政执法人员的素质、执法环境以及所涉及的利益关系等等，都是困扰行政执法的诱因。当前的改革实践中，虽已实现了执法队伍"1+5"的物理融合，跟改革之前相比，各部门间的业务配合效率明显提升，推诿扯皮现象也有所减少。但从整体看，"一支队伍管执法"仍然存在着形聚而神散、人心不齐和信息不共享等问题。力量下沉后的乡镇执法队伍也普遍存在着力量整合不完整、执法办案原生动力不强等问题。

改革后，部分市场监管执法人员须从上级机关到基层一线工作，但随着行政层级的降低、机构级别的下降，人员晋升空间、发展机会难免受到影响，

人员力量下沉面临较大阻力。马斯洛提出"需要层次说",把人的需要从低到高分别分为五大类,分别是生理需要、安全需要、社交需要、尊敬需要和自我实现需要。马斯洛认为,只有当低一级的需要获得满足后,人们才会去追求高一级的需要。麦克格雷戈通过建立对人性不同假设的基础,提出 Y 理论,认为人性本善,大多数人有一定的想象力和创造力,只要给予鼓励和机会,都能负起责任,主张采用参与管理,创造使人们发挥智慧和能力的机会。这些行为学派代表者的观点可为下一步的改革提供启发,即人是管理中的主要因素之一,组织是人群之间互动关系组成的系统,应重视非正式组织对管理的影响和作用。要回答多队伍如何成为"一队伍"、多层级如何成为"一层级"等问题,如何让物理融合真正实现化学反应,还需要从队伍层面进行综合考量。

"大综合一体化"行政执法改革需要探索建立体现综合行政执法特点的编制管理方式,提高各个层面工作人员的改革归属感。要切实解决综合执法队伍管理不规范的问题,更坚定的决心、更强的人员配置、更扎实的日常运转机制、更加紧凑的框架结构和更加强有力的监督机制是破题的关键。只有把执法人员需要的满足同执法工作的成绩直接联系起来,并使执法人员确切知道怎样达到目标时,领导行为才能起到激励的作用,改革才能达到目的。

衢州市"大综合一体化"行政执法改革过程中,实现了诸多突破,但也面临多重制约,以上的分析结果为讨论"大综合一体化"行政执法改革的制约因素提供了新的思路。深化综合行政执法改革的发展方向,只有在立足实践的基础上,推进其再次升级,不断适应社会发展需要,才能顺利实现执法、监督、责任三者并重、并行。

第九章　改革未来展望

"大综合一体化"行政执法改革，是以习近平同志为核心的党中央赋予浙江的重大政治责任，是全面贯彻习近平法治思想、建设法治中国示范区的关键抓手。"大综合一体化"行政执法改革以来，衢州市充分利用先发优势，探索破解瓶颈问题新路径，推动行政执法体制重塑、流程再造，有效推动了执法力量整合、执法事项落地、执法权责统一、执法体系贯通，构建了新型监管机制，明晰了职责边界，加强了执法能力建设，深化了行政执法监督，行政执法效能显著提升，群众满意度明显提高。但在"大综合一体化"综合行政执法改革过程中，思想层面、制度层面、队伍层面、技术层面等方面还存在一系列制约因素，影响着改革的深入推进。

当前，"大综合一体化"行政执法改革进入了攻坚期，破解改革制约因素应更大范围统筹跨部门、跨领域综合行政执法改革，更大力度推进行政执法标准化、规范化、数字化，不断提升行政执法效能和群众满意度，使之成为法治政府建设的金名片、高质量发展建设共同富裕示范区的标志性成果。衢州应胸怀"国之大者"、扛起使命担当，想在前、干在前、跑在前，坚决把这项改革抓实抓好抓出成效，以实际行动践行"两个确立""两个维护"，以数字化改革为引领，以建立高效协同执法体制为重点，坚持改革导向、问题导向、基层导向、先行导向，系统性塑造"综合行政执法＋市场监管、生态环境、交通运输、卫生健康、应急管理"的"1+5"行政执法体系，进一步打造"事权下放、力量下沉、执法综合、监管融合"的"两下两合"行政执法新格局，实现行政执法"瘦身、强体、提质、增效"的实质性突破、系统性进展，打造"大综合一体化"行政执法改革2.0版，实现该项改革"全省走在前列、全国示范引领"。

第一节　建立健全全覆盖整体政府监管体系

党的十八届三中全会通过的《中共中央关于全面深化改革若干重大问题的决定》，首次把推进国家治理体系和治理能力现代化作为全面深化改革的总目标。作为国家治理的核心体系，政府治理现代化是国家治理现代化的主体内容。从政府职能的角度来看，监管与经济调节、社会管理、公共服务等其他政府职能一样，是政府治理现代化建设的重要内容，[①]强化政府监管体系建设也是政府治理体系现代化建设的应有之义。2021年10月18日，习近平总书记在十九届中央政治局第三十四次集体学习时的讲话中强调，要健全市场准入制度、公平竞争审查制度、公平竞争监管制度，建立全方位、多层次、立体化监管体系，实现事前事中事后全链条全领域监管，堵塞监管漏洞，提高监管效能。破解"大综合一体化"行政执法改革中存在的制约因素，"建立全方位、多层次、立体化监管体系"是一个有效举措，也就是说要加快构建一个全覆盖的整体政府监管体系。

"整体政府"是一种新型的政府改革治理模式，即在公共政策与公共服务的过程中，采用交互的、协作的和一体化的管理方式与技术，促使各种公共管理主体（政府、社会组织、私人组织，以及政府内部各层级与各部门等）在共同的管理活动中协调一致，达到功能整合，消除排斥的政策情境，有效利用稀缺资源，为公民提供无缝隙服务的思想和行动的总和。提供优质的公共服务是"整体政府"的根本目的，政府机构功能的"整合"是其精神实质，各种方式的"联合"或"协同""协调"则是其功能在管理上发挥作用的基本特征。[②]整体治理着眼于政府部门间、政府间的整体性运作，强调公共管理与服务机构为了完成共同目标而展开跨部门协作，主张政府管理"从分散走向集中，从部分走向整体，从破碎走向整合"，政府所运行的文化、结构和能力不是以管理过程而是以问题为取向，不是按照管理职责而是公民需求

---

① 赖先进：《政府监管体系和能力现代化建设的若干思考》，《中共福建省委党校学报》，2016年第6期。

② 曾维和：《西方"整体政府"改革：理论、实践及启示》，《公共管理学报》，2008年第5卷第4期。

提供服务，按照公民的生活轨迹整合服务职能，从而建立起纵横交错、内外联结的协作机制，统一设计服务路线，系统配置服务资源，力求从根本上解决政府管理碎片化和服务空心化问题，提升政府部门整体治理能力。[①]

衢州市推进"大综合一体化"行政执法改革，编制了行政监管事项清单，建立了日常监管协同机制，创新了执法监管信用场景，构建了社会共治监管体系。但选择性监管还时有发生，削弱了政府监管的公信力和权威性；监管力量和体系建设还有待加强；重审批、轻监管的传统理念有待彻底转变。深入推进综合行政执法改革，打造"大综合一体化"行政执法改革 2.0 版，应借鉴"整体政府"理念，着力构建"全方位、多层次、立体化"的全覆盖整体政府监管体系。具体来说，主要体现在以下几个方面。

一、全面编制行政监管事项清单

运用清单制度实现监管职责可视化，在目前政府部门责任清单制度建设的框架内，强化监管部门的监管责任清单建设。[②]全面梳理职责范围内的监管事项，编制省、市、县、乡四级监管事项目录清单。坚持"谁审批、谁监管，谁主管、谁监管"的原则，以行政许可类权力事项为源头，梳理出每一个事项所对应的监管事项；以行政处罚类权力事项为基准，倒推编制出每一个处罚事项所匹配的监管事项，实现许可、监管、处罚的关联衔接，形成闭环链条。按照国务院"互联网＋监管"和浙江省行政执法监管平台建设要求，逐一明确清单事项的监管主体、监管对象、监管措施、设定依据等内容，特别是新经济新业态的监管部门，要纳入全省执法监管平台统一管理。

二、全面建立日常监管协同机制

在厘清职能职责边界的基础上，各单位应落实监管责任，确保监管工作全面日常化。针对跨部门的重点领域，坚持"急用先行"，打破条块分割，

[①]　孙迎春：《现代政府治理新趋势：整体政府跨界协同治理》，《中国发展观察》，2014年第9期。
[②]　赖先进：《政府监管体系和能力现代化建设的若干思考》，《中共福建省委党校学报》，2016 年第6 期。

建立跨部门、跨区域协同联动机制，进一步压实全链条监管责任，加快推动形成条块结合、以块为主的全覆盖监管体系，杜绝监管盲区和真空。加快建设行政执法协调监督工作体系，实现省、市、县、乡四级全覆盖。在开展乡镇（街道）法治化综合改革的基础上，总结经验，不断推广。加快推进基层法制审核，实现乡镇（街道）全覆盖。进一步健全行政执法评议制度，完善行政执法指标体系。全方位评议执法质量、执法制度、执法绩效、队伍建设、监管履职，促进行政执法更加规范、更加公正、更加文明。

三、全力创新执法监管信用场景

全力推进公共信用信息平台与行政执法监管平台、"基层治理四平台"更好地衔接和协同。对行政检查、行政处罚、行政强制等执法过程进行归集整合、关联共享，并全面转化为信用指标，全面纳入政府公共信用评价体系。统一归集执法活动、执法主体、执法人员信息，健全完善电子执法档案。全面加强对不执法、乱执法、不协助执法等行为的数字化监督，促使执法人员、执法对象更讲信用、更加文明。全面落实"双随机、一公开"监管与信用等级相结合的分级分类差异化监管措施，形成以信用为基础的精准监管机制。

四、全力构建社会共治监管体系

为了实现公共利益最大化，满足公众日益增长的物质文化需求，治理要求综合运用行政、市场和社会动员等多种手段，建立呈网络化布局且上下、左右、内外联动的社会共治权力结构。积极引入多元化力量参与，实现多元协同共治是提升政府监管能力、推进政府治理现代化的有效方法。[①] 纵深推进"大综合一体化"行政执法改革，应鼓励引导社会力量更好参与监管，加快形成政府为主体，社会组织、企业、媒体、群众共同参与的协同共治监管体系，达成监管成本最低化、干扰最小化、效能最大化。

---

① 赖先进：《政府监管体系和能力现代化建设的若干思考》，《中共福建省委党校学报》，2016年第6期。

第二节　高质量建设全闭环行政执法体系

2021年12月6日，习近平总书记在十九届中央政治局第三十五次集体学习时的讲话中强调，要坚持依法治国、依法执政、依法行政共同推进，坚持法治国家、法治政府、法治社会一体建设。2014年10月通过的《中共中央关于全面推进依法治国若干重大问题的决定》中指出，各级政府必须坚持在党的领导下、在法治轨道上开展工作，创新执法体制，完善执法程序，推进综合执法，严格执法责任，建立权责统一、权威高效的依法行政体制。"大综合一体化"行政执法改革，要坚持依法行政，创新执法体制，建立统一高效的行政执法体系。

推进综合执法体系建设，应把握好几个基本原则：一是合法原则。合法原则要求综合行政执法必须依法进行，合法性是推进综合行政执法的前提和基础。具体而言，就是行政执法主体的设立要合法，权限的确定要合法，并且在其权限范围内依法行使，不得超越。二是权责统一，精简、高效原则。合理划分不同层级部门的行政执法职责权限，理顺职责关系，减少执法层次，整合行政执法资源，落实执法责任，提升执法效能。三是协调配合原则。综合行政执法是行政职权分离的结果，为了保持其高效协调运转，就应当合理界定划转出的行政处罚等职权的管理部门与综合执法机关之间的权限，充分发挥两方面的积极性，同时要加强履职过程中的协调配合，避免相互推诿或者重复管理。四是稳步有序推进原则。将综合行政执法工作与政府职能转变和机构改革、事业单位改革、规范行政权力运行、加强事中事后监管有机结合，总体设计，分步实施，重点突破，有序推进。五是有效监督原则。按照决策权、执行权、监督权既相互制约又相互协调的要求，深化行政执法体制改革，转变行政执法管理方式，实现政策制定、行政审批与监督处罚职能相对分开、监督处罚与技术检验职能相对分开，规范行政执法行为。

衢州市推进"大综合一体化"行政执法改革，完善了行政执法制度体系，厘清了行政执法事项清单，理顺了监管和执法的关系，推进了行政执法闭环管控。但在执法体制上，条块关系有待进一步理顺；执法机制上，长效管理有待进一步加强；执法管理上，管控机制有待进一步健全。深入推进综合行政执法改革，打造"大综合一体化"行政执法改革 2.0 版，应着力构建全闭环的行政执法体系。坚持民意取向、注重监管效果是推进行政执法体制改革的根本目的。坚持政府主导、强化部门协同是政府全面履行执法职能的基本要求。坚持上下联动、实现重心下移是增强基层社会治理能力的重要保证。坚持分权制衡、实行全程闭合是规范行政执法行为的有效途径。①具体来说，主要体现在以下几个方面。

一、健全完善行政执法制度体系

《浙江省综合行政执法条例》是行政执法改革领域的一项创制性立法，要深入学习宣传，全面贯彻落实，同时开展条例实施情况专项监督，使该项法律成为"大综合一体化"行政执法改革的强力制度保障。在完善行政执法制度体系中，坚持"立改废"并举，及时推动清理和修改那些滞后于改革要求的地方性执法法规制度，为深入推进改革提供更完备、稳定、管用的制度体系。实现行政执法监管要素、处罚办案、监管检查、协同指挥、执法监督等数据标准规范统一。

二、全面厘清行政执法事项清单

按照党政机关整体智治的理念，全面梳理执法事项，形成覆盖省、市、县、乡四级的执法事项清单，实现体系化、动态化、标准化管理。构建执法目录总清单＋综合执法清单＋专业执法清单"三张清单"。全力做好与省权力事项库（监管库）对接，确保所有行政检查、行政处罚实现网上运行。在总清单基础上，把基层常见、与企业群众紧密相关和多头重复执法的高频率、高需求、高综合的执法事项，实行单库管理，分批纳入综合执法范围，更好形成综合执法清单。行政执法队伍精简后，保留的队伍都要对照上级主管部门的要求，高质量编制专业执法清单。

---

① 张文杰：《创新探索建立"三方制衡"行政执法新体系》，《中国经贸导刊》，2015年第7期。

三、更好地理顺监管和执法的关系

执法事项划转综合执法部门，但监管职责只划转了相关部分，大部分还留在原业务主管部门，原业务主管部门反而要更好承担监管职责。综合执法部门主要承担以日常巡查为主的监管职责；原业务主管部门承担固定监管对象的检查、制定监管规则和监管标准等监管职责。业务主管部门在向综合执法部门移交违法活动线索、举报信息、涉案初步证据等情况的基础上，为综合执法部门提供更好的技术支撑，以便更好开展执法活动。综合执法部门要接受业务主管部门的执法业务指导，建立科学的考核制度，强化协同配合，筑牢监管执法链条。业务主管部门要指导条线部门落实监管主体责任，更好地配合综合行政执法队伍开展执法工作，不得干预下级部门事项划转，切实做到全省"一盘棋"。

四、着力推进行政执法闭环管控

闭环是自然界一切生命过程和人类的社会经济过程的基本模式，在闭环系统中输入影响输出同时又受输出的直接或间接影响。纵深推进"大综合一体化"行政执法改革，就是要构建一个闭环的行政执法系统。从"大执法"角度，要构建"审批—监管—处罚—监督评价"的全流程闭环，加快推进事前事中监管与事后处罚无缝衔接。从"小执法"角度，要构建"检查—调查—处罚决定—权利救济（复议诉讼）"的全流程闭环。要着重加强对危化品、交通、环境保护、食品药品、安全生产等重点领域监管执法力度，严禁一罚了之、以罚代管、罚而不治，严禁不及时查处，不严肃查处，确保通过执法一次、规范一片，充分发挥全闭环行政执法体系作用。

第三节　进一步完善全方位协同联动体系

2020 年 10 月 10 日，习近平总书记在中央党校（国家行政学院）中青年干部培训班开班式上的讲话中指出："改革必须有勇气和决心，保持越是艰险越向前的刚健勇毅。要注重增强系统性、整体性、协同性，使各项改革举措相互配合、相互促进、相得益彰。"2015 年 1 月 23 日，习近平总书记在十八届中央政治局第二十次集体学习时的讲话中指出："当前，我国社会各种利益关系十分复杂，这就要求我们善于处理局部和全局、当前和长远、重点和非重点的关系，在权衡利弊中趋利避害、作出最为有利的战略抉择。我们全面深化改革，不能东一榔头西一棒子，而是要突出改革的系统性、整体性、协同性。"纵深推进"大综合一体化"行政执法改革，应深入运用协同治理理念，不断加强改革的协同性，构建一个全方位协同联动体系。

协同治理是指在公共生活过程中政府、非政府组织、企业、公民个人等子系统构成开放的整体系统，货币、法律、知识、伦理等作为控制参量借助系统中诸要素或子系统间非线性的相互协调、共同作用，调整系统有序、可持续运作所处的战略语境和结构，产生局部或子系统所没有的新能量，实现力量的增值，使整个系统在维持高级序参量的基础上共同治理社会公共事务，最终达到最大限度地维护和增进公共利益之目的。[①]"大综合一体化"行政执法改革是一项牵一发而动全身的系统工程、全方位的重大改革任务，横向涉及众多部门，纵向涉及省市县乡各级。

衢州市推进"大综合一体化"行政执法改革，完善了责任落实机制、协同推进机制、争先创优机制、宣传发动机制、评价反馈机制。但在执法活动中，多头执法、重复执法、交叉执法等现象时有发生，执法力量、执法活动、执法监督协同性有待进一步提高，争先创优、宣传发动、评价反馈的作用有待进一步加强。深入推进综合行政执法改革，打造"大综合一体化"行政执法改革 2.0 版，应构建一个全方位协同联动体系，按照协同治理的理念，强化省市县联动、部门间协同，加快构建深化综合行政执法改革的高效协同机制。具体来说，主要体现在以下几个方面。

---

① 郑巧、肖文涛：《协同治理：服务型政府的治道逻辑》，《中国行政管理》，2008 年第 7 期。

一、进一步完善责任落实机制

新时期，实施责任制应由建设"责任政府"向建设"责任政党"过渡，实现从"领导者的个人责任制"到"党委、纪委的集体责任制"再到"全体党员和党的组织整体责任制"的扩展。[①] 可见，责任落实是一个相关各方协同联动的过程。各级党委、政府应高度重视"大综合一体化"行政执法改革，更好发挥市、县改革工作专班机制，项目化、清单化推动改革任务落地落实落细，定期研究解决改革推进中的重大问题，强化人财物等各项工作保障。县（市、区）应压紧压实改革的主体责任，把这项改革作为一项硬任务来抓好，结合实际细化改革实施方案，创造性地落实好各项任务。特别是"一把手"应对改革任务亲自部署、重大问题亲自把关、关键环节亲自协调、落实情况亲自跟踪，争当改革的组织者、实践者和推动者。

二、进一步完善协同推进机制

协同作用是系统有序结构形成的内驱力，任何复杂系统当在外来能量的作用下或物质的聚集态达到某种临界值时子系统之间就会产生协同作用。[②] 深入推进"大综合一体化"行政执法改革，应统筹执法事项、执法力量、执法活动、执法规范、执法保障、执法监督，使改革产生协同效应。着力统筹执法事项，厘清监管执法职责，进一步梳理事项清单、厘清职责边界、实施动态管理；着力统筹执法力量，构建人事匹配的"金字塔型"行政执法队伍体系，合理配置执法资源；着力统筹执法活动，加快数字执法平台的建设运用，并与基层治理系统贯通融会，实现运行一网闭环；着力统筹执法规范，刚柔并济优化方式，更好体现衢州有礼、规范公正和最优营商环境；着力统筹执法保障，全面强化制度支撑、扎实提升队伍能力、持续完善考评体系，推动改革落地见效；着力统筹执法监督，健全监管与执法互相监督、业务规范指导监督和外部监督等机制，全面依法依规行权。

---

① 李斌雄、张银霞：《基层党组织落实全面从严治党主体责任及其问责机制探讨》，《探索》，2016年第2期。

② 白列湖：《协同论与管理协同理论》，《甘肃社会科学》，2007年第5期。

三、进一步完善争先创优机制

纵深推进"大综合一体化"行政执法改革，应协同联动运用好督查、晾晒、评价、考核机制，组织开展综合评估，注重跟踪问效，树立先进典型，强化激励措施。构建"不敢慢也不能慢"的工作联动推进机制，加强对县、乡改革的统筹指导和督促，对游离观望、推进进度不快、变相打折扣的，通过约谈、通报等方法督促推进，确保"大综合一体化"行政执法改革协同联动、步调一致、齐头并进。严明工作纪律，令行禁止，防止各行其是，避免有的部门对自己有利的就改、对自己不利的就不动。

四、进一步完善宣传发动机制

纵深推进"大综合一体化"行政执法改革，应实践、制度、理论三者协同联动，健全完善宣传发动机制。应充分发挥基层首创精神，及时总结推广基层最佳实践。加强"大综合一体化"行政执法改革理论研究，将改革实践提升为理论成果，推动改革螺旋式上升。广泛发动群众参与，重视群众感受，认真倾听群众意见建议，及时关切群众关心的热点难点问题，梳理出共性问题推动系统性解决，不断提升群众的获得感、幸福感、安全感和认同感。强化宣传引导，讲好改革故事，在全社会营造拥护改革、支持改革、推动改革的浓厚氛围。

五、进一步完善评价反馈机制

建设行政执法综合评价、反馈系统，组织开展综合评估，强化跟踪问效，健全完善执法、评价、反馈、纠错协同联动机制。依靠综合行政执法的办案质量、响应效率、群众投诉举报、行政执法投诉、行政执法纠错、协作单位评价和群众评价等数据，实现对行政执法全过程网上监督。简化优化监管执法考核体系，综合运用群众投诉举报率、诉求有效处理率、执法决定主动履行率等维度监测综合执法绩效，提升群众对综合执法的满意度、获得感，通过全生命周期的公示公开，受人民监督，让人民满意。

第四节　加快建设全智治数字执法体系

2021年9月26日，习近平总书记致2021年世界互联网大会乌镇峰会的贺信中指出："中国愿同世界各国一道，共同担起为人类谋进步的历史责任，激发数字经济活力，增强数字政府效能，优化数字社会环境，构建数字合作格局，筑牢数字安全屏障，让数字文明造福各国人民，推动构建人类命运共同体。"[1] 2022年4月19日，在中央全面深化改革委员会第二十五次会议上的讲话中，习近平总书记强调："要全面贯彻网络强国战略，把数字技术广泛应用于政府管理服务，推动政府数字化、智能化运行，为推进国家治理体系和治理能力现代化提供有力支撑。"[2] 推进国家治理体系和治理能力现代化的着力点当然不仅仅是数字政府建设，但数字政府建设一定是推进国家治理体系和治理能力现代化的重要途径。

数字政府成为国家治理现代化的重要举措，这是由数字政府的特点决定的。数字政府是信息化政府。信息化政府就是运用现代信息技术，在经济、社会、环境等各个领域，广泛获取信息、科学处理信息、充分利用信息，并使之数字化，用于优化政府治理，形成"用数据对话、用数据决策、用数据服务、用数据创新"的现代治理模式，以全面提升政府的履职能力。数字政府是管理网络化政府。政府把数字化的信息形成一个规模庞大的信息网络体系，原本分散开来的单体被组建成一张系统的管理网络，避免了管理的死角和盲点。在这个网络中，各种管理资源被整合在一起，实现跨层级、跨地域、跨系统、跨部门、跨业务的协同管理和服务。数字政府是办公自动化政府。办公自动化，使各级党政机关建立了各种纵向和横向的内部信息办公网络，政府站点与政府的办公自动化连通，变成便民服务窗口，让公众足不出户完成到政府部门的办事过程。数字政府是政务公开化政府。数字政府全面推行

---

① 《习近平向2021年世界互联网大会乌镇峰会致贺信》，光明网，2021年9月27日，https://m.gmw.cn/baijia/2021-09/27/35192849.html。

② 《数字政府建设要以人民为中心》，光明网，2022年4月20日，https://m.gmw.cn/baijia/2022-04/20/35673737.html。

政务公开，决策、执行、管理、服务、结果全过程都通过网络让全社会知道，让权力在阳光下运行。政务公开不仅仅是信息单向发布，而且是政府和公众进行双向信息交流、互动反馈，政府随时能听到群众意见和建议，及时回应公众关切，让群众参与决策。①

衢州市推进"大综合一体化"行政执法改革，推进了执法监管的数字应用、执法监管事项的平台处置、执法协同指挥的屏端掌控、政执法效能的持续提升。但执法监管数字应用的集成度、规范性有待进一步加强，各领域、各环节执法的"信息孤岛"时有发生，联合执法、应急配合、信息共享的协作配合还需要进一步加强。深入推进综合行政执法改革，打造"大综合一体化"行政执法改革 2.0 版，应深入贯彻"数字政府"理念，加快推动行政执法全方位变革、系统性重塑。具体来说，主要体现在以下几个方面。

一、加快推进执法监管数字全面应用

建设"大综合一体化"执法监管数字全面应用，是深化综合行政执法改革的固有内涵，是法治政府建设的重要内容，对推动和保障综合执法改革纵深发展具有关键意义。深入推进"大综合一体化"行政执法改革，应以统一、集成、规范为核心，设计整体架构、梳理业务逻辑、深化数据共享、推进业务协同，基于"一屏两端"②构建"行政审批—监管执法—监督评价"的全流程大执法闭环，加快形成"1+4+N+2"③特色的"大综合一体化"执法监管数字全面应用体系，全面实现统一数据标准、统一用户体系、统一业务应用，更好实现公权力大数据监督，大力促进严格规范公正文明执法。

---

① 周文彰：《数字政府和国家治理现代化》，《行政管理改革》，2020年第2期。

② "一屏两端"，一屏指指挥大屏，两端分别指PC端和手机端。

③ "1+4+N+2"体系，"1"指一个决策模块，"4"指四个执行模块（协同指挥模块、监管检查模块、处罚办案模块、执法监督模块），"N"指N个集成模块（为平台及执行系统的数据、业务支撑系统，同时归集、对接平台外符合标准的相关数据），"2"指两个体系（即"大综合一体化"执法监管数字应用理论体系和制度规范体系）。

二、加快推进执法监管事项全上平台

全面集成行政执法全流程要素，实现行政检查、行政复议、行政诉讼、行刑衔接、执法监督等执法要素全上平台全面集成。推动跨部门数据全面共享、跨部门证据全面互认。进一步迭代升级权力事项库，加快推进检查事项、监管主项、处罚事项全部纳入数字执法平台运行，推动多跨部门"监管一件事"不断拓展。通过掌上亮证执法，全面建立电子执法档案，加快实现执法办案全程网办、自动留痕。除公安机关外，所有执法主体和执法人员都要使用统一平台开展工作，现在使用自建系统的执法机关应只保留与国家部委数据对接功能。

三、加快推进执法协同指挥全屏掌控

全面优化行政执法统一指挥平台，实现与"基层治理四平台"全面联动、全面贯通。健全完善行政执法统筹协调指挥机制，更好推动一体化执法。全面健全县乡间、部门间协作配合制度，全面实现联合执法、应急配合、案件移送、信息共享事态化信息配合。全面强化专业执法部门与综合执法部门协调联动，全面实现跨层级、跨区域、跨部门高效联动。充分利用移动执法终端，全面实现现场取证、开具法律文书、缴纳罚款"一站式"办结，取证环节流程化，笔录制作模板化，文书填写表单化，检查表单格式化。

四、加快推进行政执法效能全面画像

纵深推进"大综合一体化"行政执法改革，应对行政确认、行政许可、行政处罚、行政检查、行政强制等行为进行全面监督，自动生成多项执法行为的执法效能指数。通过效能指数，对行政执法效能进行全面画像，形成全流程闭环，实现从执法问题智能定位、分析研判、处置纠正、整改反馈到执法效应与评价全上流程、全面监督，通过行政执法效能全面画像，加快实现监督线索从"人工排查"转变为"智能定位"，监督领域从"碎片监督"转变为"全面监督"，监督效果从"案结事了"转变为"群众满意"。

第五节　进一步优化全要素执法能力提升体系

2020 年 6 月 29 日，习近平总书记在十九届中央政治局第二十一次集体学习时的讲话中指出，要"抓好执政骨干队伍和人才队伍建设。古人说：'贤良之士众，则国家之治厚；贤良之士寡，则国家之治薄。'干部工作也好，人才工作也好，本质上都是用人问题。我们要应变局、育新机、开新局、谋复兴，关键是要把党的各级领导班子和干部队伍建设好、建设强。"2020 年 10 月 10 日，习近平总书记在中央党校（国家行政学院）中青年干部培训班开班式上的讲话中强调"面对复杂形势和艰巨任务，我们要在危机中育先机、于变局中开新局，干部特别是年轻干部要提高政治能力、调查研究能力、科学决策能力、改革攻坚能力、应急处突能力、群众工作能力、抓落实能力，勇于直面问题，想干事、能干事、干成事，不断解决问题、破解难题"。干部队伍建设和能力提升，对于应对复杂形势和艰巨任务至关重要，关系着国家兴衰成败。

依法行政是建设社会主义法治国家的基本要义，进一步提升基层行政执法能力势在必行。快速提升基层行政执法队伍的执法素质和执法能力，应当主要可从以下五方面着力：一是做好基层执法的思想引领。抓好先进典型培树，努力培育"四种意识"（增强政治意识、大局意识、核心意识、看齐意识），改进思想工作方法。二是做好基层执法的人才引领。遵循基层人才培养客观规律，给任务压担子加速人才成长。三是做好基层执法的创新引领。推进基层执法联动，推进基层执法智能化。四是做好基层执法的规范引领。锻造基层执法的良好作风，完善基层执法制度规范体系。五是做好基层执法的基础保障。建立基层执法的激励机制，建立基层执法的保障机制。[①]

衢州市推进"大综合一体化"行政执法改革，精简了执法队伍，优化了执法层级，整合了乡镇执法力量，创新了执法监管方式。但执法队伍的业务精通有待进一步提升，执法规范有待进一步加强，人员队伍还有待进一步优

---

① 夏大荣：《当前基层行政执法能力提升之路径》，《海事法苑》，2017 年第 1 期。

化，执法能力有待进一步增加。深入推进综合行政执法改革，打造"大综合一体化"行政执法改革 2.0 版，应构建全要素执法能力提升体系，形成"金字塔型"的行政执法队伍构架。具体来说，主要体现在以下几个方面。

一、进一步精简优化执法队伍

按照规范化、专业化要求，建立激励机制、快速反应机制、权力监督机制，打造一支业务精通、反应迅速、执法规范、保障有力的行政综合执法队伍。[①]更大力度整合执法队伍，使执法队伍更加精简优化。更大范围开展跨领域跨部门执法，使执法活动更加高效。要规范执法队伍人员编制管理，全面清理执法辅助人员队伍，实现行政执法队伍数量下降、财政供养人员数量下降。全面优化岗位设置，深化制度规范、纪律教育、作风整顿，培育高素质执法队伍。要加快组建执法业务培训师资队伍，定期组织对执法人员进行业务培训和指导，提升执法人员能力素质。

二、进一步优化配置执法层级

纵深推进"大综合一体化"行政执法改革，应按照执法重心下移的要求，市和市辖区只设一个执法层级，除生态环境、交通运输领域外，其他领域原则上实行以县区为主的执法体制。在分工上，市级主要负责统筹协调、监督指导、跨区域案件和重大复杂案件执法，县级负责日常执法检查和一般违法案件的查处，推动执法职责和力量向县乡下沉集中。县级执法队应当严格遵照执法编制和力量下沉比例，确定下沉的执法人员，并按照实际工作需要，科学合理分解到乡镇基层一线，纳入下沉人员机构编制实名制专项管理。通过执法层级优化配置，进一步提升执法队伍的执法能力。

三、进一步整合乡镇执法力量

全面整合乡镇执法力量，派驻乡镇的执法力量全面整合纳入乡镇实行统

---

① 山西省机构编制委员会办公室：《深化综合行政执法体制改革 着力构建新型执法体系》，《中国机构改革与管理》，2016年第11期。

一管理（中央明确实行派驻的除外）。实行派驻体制的基层站（所）力量，纳入乡镇统一指挥。市县应进一步完善执法人员"县属乡用"管理办法，进一步优化执法人员日常管理、考核、待遇等制度，让乡镇对下沉力量的指挥权得到更为有效的保障。全面打通"基层治理四平台"和"大综合一体化"执法监管数字应用，促使数字化、智能化手段在基层开展协调指挥中充分得以应用，切实提升执法工作效能。科学制定执法人员考评制度，做实做细派驻干部"四维考评"，全面推动执法派驻人员与乡镇干部一体管理、一体考评。

四、进一步创新执法监管方式

着力健全行政裁量权基准制度，不断提升执法的公信力，彻底解决选择性执法、执法不公等问题。健全以信用为基础的新型监管机制，大力提升公共信用数据质量，不断完善信用评价模型，全力拓展"信用＋执法监管"应用场景，全面实施信用分级分类精准监管。全面推行"综合查一次"，减少重复执法、执法扰企扰民，不断优化法治化营商环境。通过执法监管方式的创新，进一步提升执法队伍的执法能力。

2022年1月17日，习近平总书记在2022年世界经济论坛视频会议的演讲中指出："中国将坚定不移推进改革开放。中国改革开放永远在路上。不论国际形势发生什么变化，中国都将高举改革开放的旗帜。"改革是推动高质量发展的动力源，也是破解难题、推进共同富裕的金钥匙。"大综合一体化"行政执法改革是在习近平总书记和党中央亲切关怀指导下推进的一项重大改革。通过纵深推进"大综合一体化"行政执法改革，构建全覆盖整体政府监管体系、闭环行政执法体系、全方位协同联动体系、全智治数字执法体系、全要素执法能力提升体系，权力规则化、规则数字化、数字智能化基本实现，整体执法效能全面提升，权责统一、权威高效的"大综合一体化"行政执法新格局成熟定型，形成在全国具有示范引领作用的改革成果，为在高质量发展中奋力推进共同富裕先行和省域现代化先行提供衢州智慧、衢州方案。

后　记

行政执法，一头连着政府，一头连着群众，为着力破解"九龙治水""十多顶大盖帽管不好一顶破草帽"和"部门'条抓'强、基层'块统'弱"的难题，近年来，衢州市委、市政府积极抢抓改革创新重大机遇，把推进"大综合一体化"行政执法改革作为打造高质量发展建设共同富裕示范区标志性成果的重要内容。

中共衢州市委党校公共管理与基层治理教研室组织全市党校系统公共管理学科组力量编撰了本书。全书用九个篇章，系统地解析和回答了衢州探究"大综合一体化"行政执法改革过程中的破与立、质与量、虚与实等问题，通过介绍分析改革实施的背景，认识到衢州为何要改革；通过展示改革的总体设计和重点任务，解析衢州如何实施改革；通过改革的法制保障，回答衢州以何改革；通过对县域探索、成效评估、经验分析和制约因素的思考，解答衢州改革为什么可行，并在此基础上，提出了对高质量打造权责统一、权威高效的行政执法体制的新展望、新期待。

本书编撰的具体分工如下：第一章，杨川丹；第二章，陈诗慧；第三章，汪佳佳；第四章，陈宏卫；第五章，朱久良、朱晶、毛彧晴、吴志会、叶菡、张年宽、祝燕、燕传林、李晶、林艳琴、任华奇、陈 琳、严晨阳；第六章，汪杰；第七章，吕楠；第八章，陈柳月；第九章，金晓伟。缪关永承担本书的统稿工作。

在本书编撰过程中，衢州市"大综合一体化"改革专班给予了大力支持，衢州市相关部门积极配合，在此表示衷心感谢。由于时间仓促，加之编者水平有限，书中难免存在不足之处，敬请读者不吝指正。

本书编委会

2022 年 12 月

附　录

附录1　"大综合一体化"行政执法改革调查问卷（内部评估版）

内容		具体问题	选项
基本信息		性别	A. 男　B. 女
		学历	A. 高中/中职/中专及以上　B. 高职/大专　C. 本科　D. 硕士及以上
		所在行政区域	A. 市本级　B. 柯城区　C. 衢江区　D. 龙游县　E. 江山市　F. 常山县　G. 开化县
		工作单位性质	A. 监管部门　B. 执法部门　C. 街道、乡镇　E. 其他
		职务层级	A. 班子成员　B. 中层干部　C. 普通干部　D. 其他
		岗位工作性质	A. 直接从事行政执法工作　B. 工作与行政执法有关联　C. 与行政执法工作无关
分领域评价	改革认知	开展"大综合一体化"行政执法改革	A. 非常有必要　B. 比较有必要　C. 一般　D. 比较不必要　E. 没有必要
		对"大综合一体化"行政执法改革（如总体目标、重点任务和具体规划）的了解程度	A. 非常了解　B. 比较了解　C. 一般　D. 比较不了解　E. 不了解
	执法事项	行政执法事项对不同层级权力、责任的分配合理性	A. 非常明显　B. 比较明显　C. 一般　D. 比较不明显　E. 不明显
		行政执法事项对不同主体权责边界的界定清晰度	A. 非常明显　B. 比较明显　C. 一般　D. 比较不明显　E. 不明显
	执法力量	行政执法人员的数量配备满足工作需求程度	A. 非常明显　B. 比较明显　C. 一般　D. 比较不明显　E. 不明显
		行政执法人员的能力水平满足工作需要程度	A. 非常明显　B. 比较明显　C. 一般　D. 比较不明显　E. 不明显
	执法活动	跨部门、跨区域、跨层级行政执法活动的协同配合程度	A. 非常明显　B. 比较明显　C. 一般　D. 比较不明显　E. 不明显
		本单位内部在执法工作中的协同配合程度	A. 非常明显　B. 比较明显　C. 一般　D. 比较不明显　E. 不明显
		行政执法对象对行政执法工作的配合程度	A. 非常明显　B. 比较明显　C. 一般　D. 比较不明显　E. 不明显
	执法规范	对行政执法"三项制度"理解的提升情况	A. 非常明显　B. 比较明显　C. 一般　D. 比较不明显　E. 不明显

199

续表

内容		具体问题	选项
分领域评价	执法保障	各项配套制度对推进行政执法工作的保障制度	A. 非常明显　B. 比较明显　C. 一般　D. 比较不明显　E. 不明显
		对行政执法工作的资源（编制、人员、资金、装备）投入程度	A. 非常明显　B. 比较明显　C. 一般　D. 比较不明显　E. 不明显
		对行政执法人员总体保障（待遇、晋升等）程度	A. 非常明显　B. 比较明显　C. 一般　D. 比较不明显　E. 不明显
	执法监督	对本单位行政执法监督工作了解度的提升	A. 非常明显　B. 比较明显　C. 一般　D. 比较不明显　E. 不明显
	执法应用	数字应用使用频次的提升	A. 非常明显　B. 比较明显　C. 一般　D. 比较不明显　E. 不明显
		数字应用有效支持行政执法工作程度	A. 非常明显　B. 比较明显　C. 一般　D. 比较不明显　E. 不明显
总体评价		当前"大综合一体化"行政执法改革的总体成效	A. 非常明显　B. 比较明显　C. 一般　D. 比较不明显　E. 不明显
		纵深推进"大综合一体化"行政执法改革，仍需要关注和突破的重点	A. 执法事项更科学　B. 执法力量更强大　C. 执法活动更协同　D. 执法规范更到位　E. 执法保障更有力　F. 执法监督更有效　G. 执法技术更高效　H. 其他（请具体说明）

附录2　"大综合一体化"行政执法改革调查问卷（外部评估版）

内容	具体问题	选项
分领域评价	对"大综合一体化"行政执法改革的了解程度	A. 非常了解　B. 比较了解　C. 一般　D. 比较不了解　E. 不了解
	对各个部门的执法范围的了解情况	A. 非常了解　B. 比较了解　C. 一般　D. 比较不了解　E. 不了解
	行政执法人员的专业能力业务能力	A. 非常好　B. 比较好　C. 一般　D. 比较差　E. 非常差
	行政执法人员的服务意识和执法态度	A. 非常好　B. 比较好　C. 一般　D. 比较差　E. 非常差
	行政执法人员的遵守法定程序、公正执法情况	A. 非常好　B. 比较好　C. 一般　D. 比较差　E. 非常差
	行政执法人员的事前指导到位	A. 非常好　B. 比较好　C. 一般　D. 比较差　E. 非常差
	当前重复执法现象的改善情况	A. 非常明显　B. 比较明显　C. 一般　D. 比较不明显　E. 不明显
	当前执法效率的提升效果	A. 非常明显　B. 比较明显　C. 一般　D. 比较不明显　E. 不明显
总体评价	对当前行政执法工作的总体满意度	A. 非常满意　B. 比较满意　C. 一般　D. 比较不满意　E. 不满意
	当前行政执法相关工作在哪些方面有待进一步提升？	

附录 3　2002 年以来综合行政执法改革变化一览表

时间	改革的类别	改革的内容	改革的文件
2002 年 10 月	在广东省、重庆市开展清理整顿行政执法队伍，实行综合行政执法试点工作，其他省、自治区、直辖市各选择 1~2 个具备条件的市（地）、县（市）进行试点	一是首次明确提出"两个相对分开"原则，即政策制定、审查审批职能与监督处罚职能相对分开，监督处罚职能与技术检测检验职能相对分开。二是要求调整合并行政执法机构，解决多头执法和机构膨胀问题。三是扩展到多个领域，开始萌发分领域综合执法理念	国务院办公厅转发《中央编办关于清理整顿行政执法队伍实行综合行政执法试点工作的意见》（国办发〔2002〕56 号）
2003 年 2 月	综合行政执法试点工作逐步在全国展开	从相对集中逐步过渡到综合执法	《关于推进相对集中行政处罚权和综合行政执法试点工作有关问题的通知》（中央编办发〔2003〕4 号）
2004 年 8 月	就试点地区建立文化市场综合执法机构做出总体部署	实践层面出现两个重大变化：一是综合行政执法试点工作超出城市管理领域；二是行政执法体制改革不再局限于相对集中行政处罚权，整合更多执法权限	《中央宣传部、中央编办、财政部、文化部、国家广电总局、新闻出版总署、国务院法制办关于在文化体制改革综合性试点地区建立文化市场综合执法机构的意见》
2013 年 11 月	就深化综合行政执法体制改革做出新的部署。且并未将相对集中的执法权力局限在行政权上	明确要求必须"整合执法主体，相对集中执法权，推进综合执法，着力解决权责交叉、多头执法问题，建立权责统一、权威高效的行政执法体制"	《中共中央关于全面深化改革若干重大问题的决定》
2014 年 11 月	以党的决议形式对综合行政执法提出具体要求，从建设法治政府高度要求，把改革着眼点放在市、县两级减少执法层次和执法队伍、探索分领域综合执法模式上	推进综合执法，大幅减少市县两级政府执法队伍种类，重点在食品药品安全、工商质检、公共卫生、安全生产、文化旅游、资源环境、农林水利、交通运输、城乡建设、海洋渔业等领域内推行综合执法，有条件的领域可以推行跨部门综合执法	《中共中央关于全面推进依法治国若干重大问题的决定》
2015 年 4 月	确定在全国 22 个省（自治区、直辖市）138 个城市开展综合行政执法体制改革试点	本轮改革试点范围大大拓展	《中央编办关于开展综合行政执法体制改革试点工作的意见》

续表

时间	改革的类别	改革的内容	改革的文件
2015 年 12 月	试图解决执法机构缺乏配套管理职能的问题	在城管领域，首次明确由住房和城乡建设部负责指导全国城市管理工作，并要求整合归并省级执法队伍，在市、县两级政府城市管理领域实行大部制改革	中共中央、国务院出台《关于深入推进城市执法体制改革改进城市管理工作的指导意见》
2015 年 12 月	把深化行政执法体制改革、推进综合执法列为法治政府建设重点	—	中共中央、国务院印发《法治政府建设实施纲要（2015—2020 年）》
2016 年 9 月	在环保领域执法权责不是一味地下放，实行环境监察与环境执法分置	环境监察权上收到省级环保部门，环境执法权上收到市级环保部门但执法重心（执法力量）向市县下移	《关于省以下环保机构监测监察执法垂直管理制度改革试点工作的指导意见》
2017 年	要求理顺省、市、县三级行政执法体制，健全跨部门、跨领域、跨区域的执法联动机制	以商务、交通运输、市场监管、农业、文化市场与生态环境保护等作为综合执法改革的重点领域	详见如下文件
	商务部《关于进一步深化商务综合行政执法体制改革的指导意见》（商秩函〔2017〕885 号）		
	中共中央、国务院《关于深化交通运输综合行政执法改革的指导意见》（中办发〔2018〕63 号）		
	中共中央、国务院《关于深化市场监管综合行政执法改革的指导意见》（中办发〔2018〕62 号）		
	中共中央、国务院《关于深化农业综合行政执法改革的指导意见》（中办发〔2018〕61 号）		
	中共中央、国务院《关于深化文化市场综合行政执法改革的指导意见》（中办发〔2018〕59 号）		
	中共中央、国务院《关于深化生态环境保护综合行政执法改革的指导意见》（中办发〔2018〕64 号）		
2018 年 3 月	大幅减少执法队伍种类，合理配置执法力量	整合组建市场监管、生态环境保护、文化市场、交通运输、农业等 5 支综合执法队伍	中共中央印发《深化党和国家机构改革方案》
2022 年 2 月	健全完善全覆盖的整体政府监管体系和全闭环的行政执法体系，加快构建全方位的监管执法协同体系	—	《浙江省加快推进"大综合一体化"行政执法改革试点工作方案》获中央批复同意

附录4　调查问卷数据统计表（n=1910）

题项	结果				
A1：您觉得开展"大综合一体化"行政执法改革	非常有必要	比较有必要	一般	比较不必要	没有必要
	62.6%	19.1%	13.0%	1.4%	3.9%
A2：您对"大综合一体化"行政执法改革（如总体目标、重点任务和具体规划）的了解程度	非常了解	比较了解	一般	比较不了解	基本不了解
	30.1%	40.0%	26.3%	2.2%	1.4%
B1：综合行政执法事项目录对不同层级权力、责任的分配合理性	非常明显	比较明显	一般	比较不明显	不明显
	36.2%	36.5%	25.3%	2.0%	0%
B2：综合行政执法事项目录对不同主体的权责边界的界定清晰度	非常明显	比较明显	一般	比较不明显	不明显
	35.0%	35.1%	26.6%	3.2%	0%
D1：行政执法人员的数量配备满足工作需求程度	非常明显	比较明显	一般	比较不明显	不明显
	32.0%	28.7%	34.2%	5.1%	0%
D2：行政执法人员的能力水平满足工作需求程度	非常明显	比较明显	一般	比较不明显	不明显
	33.8%	32.9%	30.5%	2.7%	0%
E1：跨部门、跨区域、跨层级行政执法活动的协同配合程度	非常明显	比较明显	一般	比较不明显	不明显
	34.0%	31.0%	31.2%	3.8%	0%
E2：本单位内部在执法工作中的协同配合程度	非常明显	比较明显	一般	比较不明显	不明显
	37.6%	36.7%	24.6%	1.1%	0%
E3：行政执法对象对行政执法工作的配合程度	非常明显	比较明显	一般	比较不明显	不明显
	34.0%	33.1%	30.1%	2.8%	0%
A3：对行政执法"三项制度"理解的提升情况	非常明显	比较明显	一般	比较不明显	不明显
	37.6%	36.7%	24.6%	1.1%	0%
C1：各项配套制度对推进行政执法工作的保障程度	非常明显	比较明显	一般	比较不明显	不明显
	35.7%	34.3%	28.0%	2.0%	0%
C2：对综合行政执法工作的资源（编制、人员、资金、装备）投入程度	非常明显	比较明显	一般	比较不明显	不明显
	32.9%	32.3%	31.8%	3.0%	0%
D3：对行政执法人员总体保障（待遇、晋升等）程度	非常明显	比较明显	一般	比较不明显	不明显
	31.8%	27.7%	36.6%	3.8%	0%
A4：对本单位行政执法监督工作了解度的提升	非常明显	比较明显	一般	比较不明显	不明显
	37.8%	37.5%	23.5%	1.2%	0%
F1：数字应用使用频次的提升	非常明显	比较明显	一般	比较不明显	不明显
	37.8%	39.3%	21.8%	1.2%	0%
F2：数字应用有效支持行政执法工作程度	非常明显	比较明显	一般	比较不明显	不明显
	37.2%	37.3%	24.0%	1.5%	0%